ブックレット新潟大学

外交から読み解く中国政治

——中国外交における権力核と政策決定——

真水 康樹

新潟日報事業社

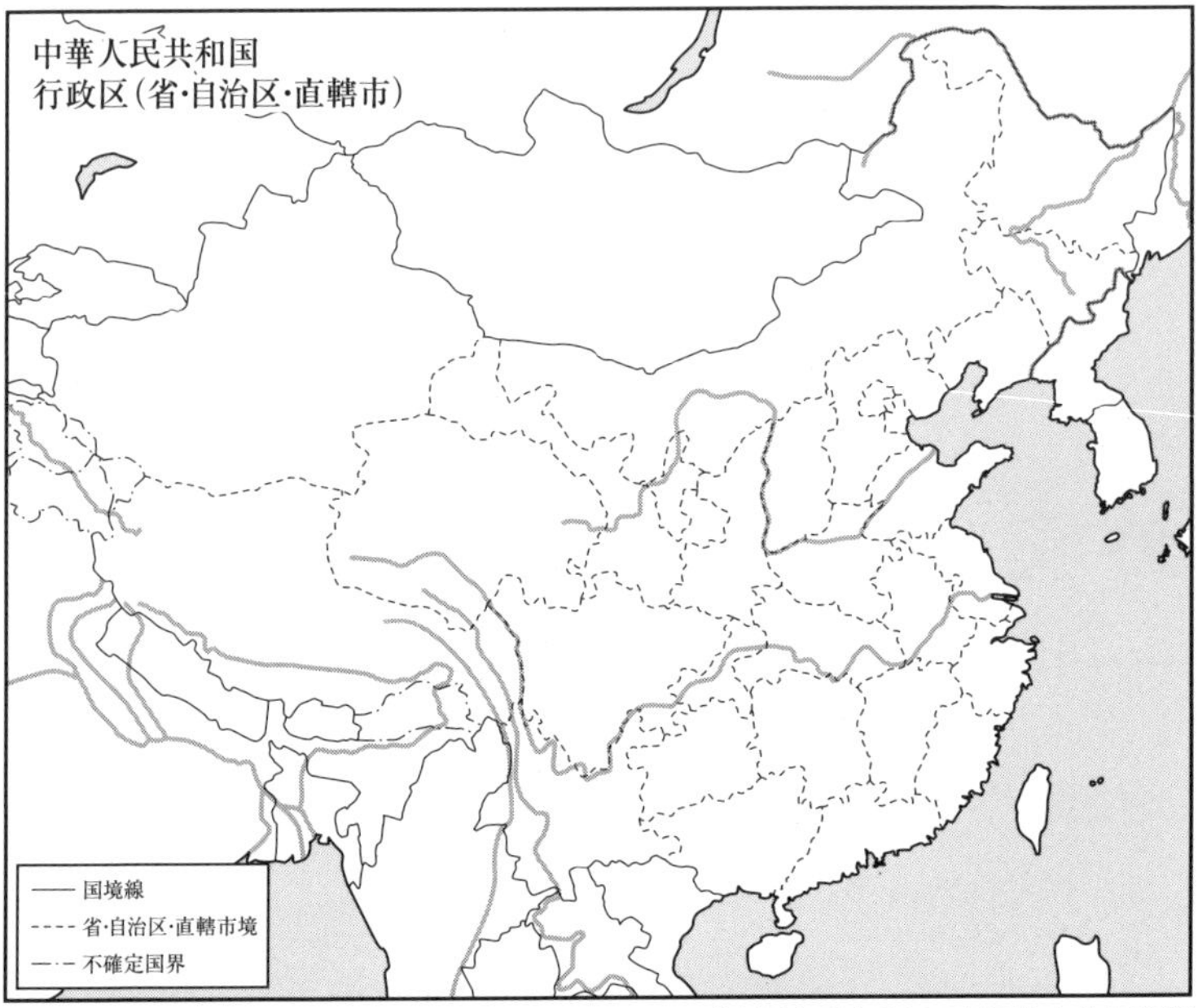

『中国年鑑』2010年版をもとに再製

中国・地方行政区
直轄市
　北京市
　天津市
　上海市
　重慶市

省と省都［省会］
　遼寧省　　瀋陽
　吉林省　　長春
　黒竜江省　ハルピン
　河北省　　石家荘
　河南省　　開封
　山東省　　済南
　山西省　　太原
　陝西省　　西安
　甘粛省　　蘭州
　青海省　　西寧
　安徽省　　合肥
　江蘇省　　南京
　浙江省　　杭州
　福建省　　福州
　江西省　　南昌
　湖北省　　武漢
　湖南省　　長沙
　広東省　　広州
　海南省　　海口
　四川省　　成都
　貴州省　　貴陽
　雲南省　　昆明

民族自治区と区都
　内モンゴル自治区　フフホト
　寧夏回族自治区　　銀川
　新疆ウイグル族自治区　ウルムチ
　西蔵自治区　　　　ラサ
　広西チワン族自治区　南寧

特別行政区
　香港
　マカオ［澳門］

周辺諸国・地域
　(以下☆は中国と国境を接してない)
　朝鮮民主主義人民共和国
　大韓民国
　ロシア
　モンゴル
　カザフスタン
　クルグズスタン
　タジキスタン
　アフガニスタン
　パキスタン
　インド
　ネパール
　ブータン
　バングラデシュ☆
　ビルマ（ミャンマー）
　タイ☆
　ラオス
　ヴェトナム
　フィリピン
　台湾
　日本

地図に載っていない周辺国
　マレーシア
　ブルネイ
　インドネシア
　カンボジア☆

河川
　長江
　黄河
　アムール川［黒龍江］
　松花江
　ウスリー川
　メコン川
　鴨緑江
　図們江［韓・豆満江］
　ブラマプトラ川
　ガンジス川
　インダス川
　サルウィン川

海洋
　日本海［韓・東海］
　渤海
　黄海
　東シナ海［東海］
　南シナ海［南海］
　ベンガル湾

［地名］は中国語
［韓・地名］は韓国語

もくじ

年　表

1949年6月30日	毛沢東「人民民主独裁を論ず」執筆（7.1発表）
1949年10月1日	中華人民共和国建国（周恩来総理は58.2まで外相兼任）
1950年1月18日	中国、ヴェトナム民主共和国承認
1950年2月14日	**中ソ友好同盟相互援助条約締結**
1950年6月25日	朝鮮戦争勃発：北朝鮮の軍事侵攻開始
1950年10月18日	中国共産党中央、朝鮮戦争参戦を最終決定
1954年4月29日	チベットに関する中印通商協定調印
1954年7月21日	インドシナ休戦協定（ジュネーブ協定）調印
1956年2月14日	第20回ソヴィエト共産党大会開催
1958年8月23日	第2次台湾海峡危機勃発
1959年3月30日	ダライ・ラマ、インド亡命
1959年9月30日	フルシチョフ、訪米の帰途、中国訪問
1960年4月16日	**中ソ論争公然化**
1962年10月20日	中印国境紛争勃発：中国軍が大規模侵攻
1963年夏	中国、対ヴェトナム全面援助決定
1965年3月1日	世界共産党協議会開催：中ソ共産党関係断絶
1967年8月頃	「毛沢東－周恩来・決定メカニズム」形成（68年には周が外交を掌握）
1968年8月20日	ソ連・東欧5カ国、チェコ侵入：チェコ事件
1968年11月5日	ニクソン大統領当選（69.1.20就任）
1969年3月2日	ダマンスキー島で中ソ国境紛争発生
1971年7月15日	**ニクソン・ショック：翌年5月以前のニクソン訪中を発表**
1971年10月25日	中国国連代表権回復
1972年2月27日	上海コミュニケ発表（2.21－27　ニクソン大統領訪中）
1972年9月29日	日中共同声明調印（9.25－30　田中角栄首相訪中）
1973年1月27日	ヴェトナム和平協定（パリ和平協定）及び議定書調印
1973年12月12日	中国共産党政治局会議（－12.22）：鄧小平が外交を主管
1975年4月30日	サイゴン陥落：南ヴェトナム政権崩壊
1978年12月18日	11期3中全会（－12.22）
1979年1月1日	米中国交正常化（78.12.16　米中国交正常化コミュニケ発表）
1979年4月10日	カーター大統領、「台湾関係法」に署名
1982年8月17日	米中、武器売却に関するコミュニケ発表
1982年9月1日	**第12回共産党大会開催（－9.11）：独立自主の外交政策**
1989年5月16日	ゴルバチョフと鄧小平による中ソ首脳会談
1992年2月25日	中国「領海及び接続水域法」採択
1994年11月12日	江沢民、「第三世代指導グループ」による指導体制引継の完了を宣言
1996年4月26日	中央アジア3カ国と中ロ「上海協定」調印（2001.6.15　SCO成立）
2001年7月16日	中ロ善隣友好協力条約調印
2002年11月4日	南シナ海行動宣言調印：中国とASEAN
2002年11月15日	16期1中全会、胡錦濤を総書記に選出
2003年6月23日	中印、包括協力宣言に調印
2004年3月14日	憲法改正案採択：私有財産権（13条）；「3つの代表」（前文）
2004年9月16日	16期4中全会（－19）、胡錦濤を中央軍事委員会主席に選出

はじめに

「中国政治」と聞くと、わかりにくいという印象をもつ人が多いようです。中国の制度や慣習が日本とは大きく異なるうえに、政治の透明性が低いこともこうした見方を助長するのでしょう。暗い話になりそうなことも気が重い感じです。一方「中国外交」となると、スッキリ明快に見えます。本書では、現代中国政治を理解するための手がかりとして中国対外政策の変遷を見ていきます。

「根本は不統制が原因である。一国の運命を預かるべき総理大臣が、軍の統帥に関与する権限のないような国柄で、戦争に勝つわけがない」。戦後、A級戦犯容疑で収監された巣鴨の獄中で、東條英機は重光葵（東條内閣の外相）に、敗戦の原因をこう語ったそうです（『昭和の動乱・下』）。

東條のこの言葉は、満洲事変以降の軍部の動きを知る人にはブラックジョークに聞こえるかも知れません。しかし、日本でただ独り、三つの権力を一手に握ったことのある人物、つまり陸軍大臣と参謀総長を兼任した元首相の言葉として読むなら、日本政治における宿痾《しゅくあ》（＝不治の病、という意味です）、すなわち政策決定を行う権力核の不在、そして、政策決定責任のあまりに曖昧なあり方、を的確すぎるほどに表現しているとは言えないでしょうか。

中国政治には確かに多くの問題がありますが、権力核と決定責任の所在は常に明快だったように思われます。そんなことも対比させつつ本書を読み進めてもらえればと思います。

第一講　時期区分と政策決定機構

東アジアの国際情勢の変化は中国と極めて緊密な関係にあります。二〇カ国と陸上・海上国境を有する中国は、当然、アジアのほぼすべての地域と切り離し難い関係をもっています。とは言え、冷戦期に最も密接な関連をもったのは朝鮮半島、インドシナ半島、台湾だと言えるでしょう。もちろん、東アジアで冷戦が本格化するのは何と言っても朝鮮戦争をへてです。冷戦が終わった今も、三八度線を挟んで朝鮮半島には冷戦が残っています。台湾問題も朝鮮戦争の産物です。こうした冷戦構造はやがて中ソ論争をへて六〇年代に大きなゆがみを胚胎していきます。そして論争の果てに中ソ間に軍事紛争が生じたことにより、劇的な米中関係改善がなされ、この地域では日米中が緊密な協力関係を築いていくことになります。この構造変化はヴェトナム戦争終結にもプラスに作用しました。八〇年代になると中国は自主的に外交方針の調整を行いますが、それはやがて中ソ関係改善に結びつきます。中ソ関係の正常化はこの地域における冷戦終結のひとつの姿だったでしょう。中越戦争後、中国は基本的には地域秩序の維持に大きな精力を注いできましたが、九〇年代後半を境に大きな変化を見せていることも事実です。このような国際情勢のなかで、中国の対外政策は、五〇年代には反米、六〇年代には反米反ソ、七〇年代には米中接近、八〇年代には全方位外交、九〇年代には「韜光養晦《とうこうようかい》（能ある鷹は爪隠す）」外交を行ってきたと言えます。

こうした外交政策の変遷は、中国の国内政治の変遷とは必ずしも符合しません。国内政治を振り返ると、第一段階は一九四九年から五七、五八年あたり、第二段階は五八年から七八年、第三段階は七八年以降というのがまずは定説でしょう。ただ、第三段階の初めである七八年から今日までは三〇年以上たっているので、どこかに転換点を見いだすことが必要かも知れません。それを、九四年の社会主義市場経済認知と分税制改革に見いだすか、九七年の多様な所有制の承認に見いだすか、私営経済を社会主義の重要な構成部分とした九九年憲法改正に求めるか、あるいは私有財産権を記し、江沢民の「三つの代表」を前文に入れ込んだ二〇〇四年憲法改正に見いだすか、それとも胡錦濤の総書記就任と同時に現れる「調和社会」あるいは「科学的発展観」の主張に見るか見解は分かれることになるでしょう。一九五七年の反右派闘争や大躍進にすでに「文化大革命」的要素は現れています。文革的な時代は、七六年の毛沢東の死まで続きますが、明確な指標となるのは七八年末の一一期三中全会でしょう。本書ではとりあえず、第三段階を七八年から〇四年の憲法改正までと考えておくことにします。したがって、今日は第四段階ということになります。

中国ではトップダウンの政策決定が行われていますが、そこには組織＝機構＝役職間に一定の明確な分業があります。ここではまず、中国政府と中国共産党の意思決定メカニズムを明らかにしようと思います。そこに浮かび上がるのは、政治過程の細部は不透明でありながらも、比較的シンプルでわかりやすい制度であると言えます。

中国政治について語る場合注意を要するのは、政権党である共産党の存在があまりに大きく超越的なために、中国という国の問題と共産党という政党の問題が混同されやすいということです。またしばしば、共産党の問題の方が国家の問題よりも重い意味をもちます。

社会主義国である中国では、人民代表大会が国家機構の中心にありますので、議長にあたる全国人民代表大会常務委員長が、原理的に言えば国家元首にあたります。けれども、五四年憲法や現行憲法には「国家主席」という職位が定められているので、一般的には国家主席が国家元首相当と扱われています。もっとも、五四年憲法の国家主席が軍事的な権限も有する実質的なポストであったのに対し、現行憲法の国家主席は名目的な存在でしかありません。今日における中国国家主席の高い権威の根拠は、共産党「総書記」が国家主席を兼任していることにあります。他方で、「中央軍事委員会主席」という職位の重要性も忘れることができません。中国共産党中央軍事委員会と中華人民共和国中央軍事委員会とは形式上は別組織ですが、実質的には同じ組織であり、中国という大国の軍事指揮権を掌握しています。国家中央軍事委員会の成立は、一九八三年六月とされています。共産党による政策決定の中枢に常に位置してきたのは「政治局」、「政治局常務委員会」と「書記処」であると言えます。なかでも、政治局常務委員会こそは中国共産党の中枢として、制度上、最高意志決定を担ってきました。書記処は政治局の日常業務をつかさどる機関ですが、事実上毎日業務にあたることで多くの実質的な権限を掌握することになりました。

一九四三年三月の中央政治局会議では、毛沢東が中央委員会主席に任命されました。その後七六年九月に死去するまで毛沢東は終身その地位にあり、「党主席」は四〇年以上にわたり共産党の最高ポストでした。この間、五六年の第八回党大会から六九年の第九回党大会の期間は、書記局の具体的な業務に責任を負うポストとして、党主席の他に党総書記の職位が存在しました。「主席―総書記制」と呼ぶこともできます。この体制下の総書記は今日の総書記とは意味を異にします。七六年一〇月党主席の地位は華国鋒が継承し、八一年六月の一一期六中全会では華国鋒に代わって胡耀邦が党主席に選出されます。八二年九月には主席制が廃止され総書記制となり、胡耀邦が改めて総書記に就任（胡耀邦は八〇年二月の一一期五中全会で総書記に就任していました。つまり八〇年二月から八二年九月の期間は主席と総書記が併存したことになります）することになりました。

党の最高ポストに就いていた人物について見ると、一九四五～七六・毛沢東主席、七六～八一・華国鋒主席、八一～八二・胡耀邦主席、八二～八七・胡耀邦総書記、八七～八九・趙紫陽総書記、八九～〇二・江沢民総書記、〇二～胡錦濤総書記と整理することができます。中央軍事委員会の責任者について見ると、一九四五～七六・毛沢東主席、七六～八一・華国鋒主席、八一～八九・鄧小平主席、八九～〇四・江沢民主席、〇四～胡錦濤主席となります。〇二年一一月に胡錦涛が総書記となり、江沢民は形式上の引退をしますが、江沢民はその後も中央軍事委員会主席の職位に止まり、完全な権力の移譲がなされたのは二年後の二〇〇四年九月に開かれた一六期四中全会でのことでした。八八年に鄧小平が引退した際も中央軍事委員会主席の職位だけはすぐに手放さなかったことからも、このポストの重要性がうかがい知れます。改革の途上で失脚していく胡耀邦や趙紫陽は、総書記のポストにこそ就いたものの、中央軍事委員会主席のポストに就くことはありませんでした。

第二講　この時期の中国内政Ｉ：新民主主義の時代

辛亥革命によって清朝は一九一二年に滅亡します。引導を渡したのは袁世凱でした。袁世凱は、孫文たちが開始した革命の果実を奪った反動の巨魁のように言われますが、孫文たち革命派には革命後の政権を維持する実力がなかったことを理解しておくことは重要です。この後、二八年まで、中国は国際法上の正統性をもつ北京の北洋軍閥政府と孫文の広東政府に分かれます。また、一九年に北京で結成された国民党と二一年に上海で結成された共産党がそれぞれ革命派を代表する勢力となります。二四年には第一次国共合作が成立しますが、それはソ連の支援を受けたものでした。中国の革命政府とソ連とは、ともにワシントン体制から排除されていました。国共合作の翌年、孫文は北京で亡くなります。遺言は「革命尚未成功、同志仍須努力」でした。

孫文没後、後継者の蒋介石は一九二七年、四・一二クーデタを決行し、南京に中華民国国民政府を成立させました。武漢に拠った国民党左派は強く抵抗しますが、結局、国民政府に合流することになります。第一次国共合作の終了でした。その後、蒋介石の国民革命軍は北京を制圧し、東北の張学良が蒋介石を支持したことで、中国は二八年に南京の国民政府のもとに統一されることになりました。南京が首都となり、国際社会も政府承認を行いました。北京は北平と呼ばれることになります。日本の中国に対する野心の拡大は、中国統一の脅威に発しています。国民政府は、日本に対する抵抗よりも、共産党の排除を優先することになります。それは一九三〇年から三四年にかけての第一次から五次の囲剿《いそう》作戦として現れます。共産党はこの攻撃に耐えかねて、一年かけての脱出行に出向くことになります。これが世に「長征」と呼ばれる出来事でした。延安での共産党に安定を与えたのは、西安事件の結果である第二次国共合作でした。これにより抗日民族統一戦線が形成されますので、西安事件はまさに中国の運命を変えた事件であったと言うことができるでしょう。共産党の内部ではなお、毛沢東とソ連留学組との暗闘が続けられていましたが、三八年九月の第六期六中全会の頃には、毛沢東の地位はコミンテルンから承認されるようになりました。周恩来は八年間にわたり毛沢東の上司でしたが、やがて周恩来のもっていた軍事的権限を毛沢東が一歩一歩奪い、毛沢東の指導権が確立していきました。四三年三月になると書記処が全面改組され、毛沢東は最高指導部を掌握することになります。毛は正式に中央政治局主席と書記処主席に任命され、「最終決定権」まで付与されることになりました。この時期、書記処の序列第二位は毛沢東に抜擢された劉少奇であり、その後の展開を考えれば皮肉なことですが、劉少奇は毛沢東の地位の確立に大きく貢献したのでした。日本の敗戦が濃厚になった四五年四月になると、第七回党大会で毛沢東思想は「全党の指導思想」にまで高められることになります。それを提案したのは、劉少奇でした。

日本の敗戦により、国民党と共産党は一時は統一政府の形成という可能性も模索することになります。一九四六年一月には、一度は妥協に至りますが、結局のところ、六月になると内戦が始まることになります。この後三年以上続いた内戦は、共産党の勝利に終わりました。

一九四九年一月三一日に北平が解放されると、内戦の大勢はほぼ決せられたと言うことができます。この際、傅作義将軍による北京無血開城という出来事もありました。四月に長江渡河作戦が実施され南京が陥落したことで、多くの中国人は天命が移ったと感じたとも言われます。ソ連はすでに四八年一二月にミコヤンを密使として毛沢東のもとに派遣していますし、四九年六月になると毛沢東は、劉少奇をソ連に派遣します。敗北した国民党は四九年一二月、台湾に落ち延びることになります。開戦時に五倍の開きのあった兵力（国民党四五〇万対共産党九〇万）から考えれば、国民党の勝利は確実と思われました。にもかかわらず、国民党が敗北した決定的な理由は、貧農に土地を分け与えるという共産党の土地政策でした。この政策は四七年の中国土地法大綱に現れています。また、共産党がいち早く東北地域を押さえ、ソ連もこれに協力したことは軍事的な成功でした。

新中国の国家方針は、一九四九年九月に開かれた「政治協商会議」で決められます。この会議には共産党以外にも、民主党派と呼ばれる八つの政党が参加しました。そこで「中華人民共和国政治協商会議共同綱領」という文書が採択されますが、これは事実上の臨時憲法でした。そこでは「新民主主義」や「人民民主主義」という言葉が使われました。また、民族ブルジョアジーや小ブルジョアジーの存在も認められています。政府主席は毛沢東、政務院総理は周恩来でしたが、六人いた副主席の半分、四人いた副総理の半分は共産党員以外から任命されていました。新中国は比較的寛容な体制でスタートしたのでした。そしてこの体制は一五年から二〇年は続くと認識されていました。また、五四年憲法でも、中国はなお、新民主主義という自己規定を用いていました。にもかかわらず、五六年の第八回党大会になると、社会主義への移行が基本的に完了した、という自己規定を共産党は行うようになります。一九五四年に最初の憲法が制定された時点では、体制は、まだ比較的穏当なものでした。しかし、五五年になり急速な農業の集団化が始まったあたりから、きしみが見えるようになります。それでも、五六年五月の百花斉放・百家争鳴運動は、民主党派と共産党との間の「長期共存、相互監督」をうたっており、そこにはなお理性的な姿勢が見られます。

一九五六年九月、第八回党大会が開かれます。この大会は政権党として初めての党大会であり、五四年憲法により国家制度が整えられたのを受けて、党の制度を整備するという意味がありました。党主席の他に、党総書記というポストがおかれ、この職位に就いた鄧小平は書記処の責任者として大きな権力をもつことになります。党大会は毎年開かれることが決定されますが、結局、実行されませんでした。また、社会主義への移行が宣言されたことで、階級の消滅が唱えられ、進んだ生産関係と遅れた生産力との関係が最大の矛盾とされますが、五八年になると再び、社会主義と資本主義の矛盾が取りざたされることになります。スターリン批判を受けて、党規約からは「毛沢東思想」が削除されることにもなりました。この時期、「百花斉放、百家争鳴」というスローガンのもと、知識人に対して自由な発言が推奨されていましたが、共産党批判が許容度を超えたものになった五七年、反右派闘争が開始されることになりました。この出来事は、共産党の威信を大きく傷つけるとともに、知識人を中心に中国人の心に深い傷を残しました。事件の真相については、未だに謎の部分もあります。こうして、中国の穏健な体制は変質していくことになったのでした。

第三講　「一辺倒」外交

一九四九年六月から七月にかけて、中国共産党はソ連と外交関係を結ぶという重要な決定を行いました。向ソ「一辺倒」政策と呼ばれるこの選択は、この後、一五年間にわたって中国の外交を拘束していくことになります。毛沢東は「人民民主主義独裁を論ず」という論文のなかでこの政策に初めて触れていますが、この政策は米ソそれぞれとの間で同時に進行していた交渉の結果でした。

六月にモスクワを訪問した劉少奇とスターリンとの会談では、一九四五年に国民政府との間で結ばれた「中ソ友好同盟条約」の取り扱いを除けば、中国がどういう政治体制をとり、どういう外交政策をとるかについて、意見の一致をみました。このことによって、毛沢東は、ソ連側に立つという意思決定をしたものと思われるのです。

水面下では同時に米国との交渉が行われていました。米国の駐中国大使スチュアートのもとに、南京軍事管制委員会外事処長である黄華が派遣されたのです。黄華は燕京大学に在籍したことがあり、その人的ネットワークからスチュアートと個人的に知り合いだったという背景がありました。

七月三日、米国国務長官アチソンがワシントンで声明を発表しました。あと三カ月くらいで中華人民共和国が成立する、もう中国共産党の勝利は間違いない、そういう時期にあたっています。中国で成立する新しい政府を、米国が承認するかどうかについて、以下の三つの条件をアチソンは提示したのです。第一は、新政府が中国の国土を実効支配していること。第二は、中国国民の支持を受けていること。第三は、国際的な義務を果たすこと、でした。この三条件は文字通りに受け取ると、米国には新中国を承認する気がない、ということと同義でした。

一辺倒政策は翌一九五〇年二月に「中ソ友好同盟相互援助条約」として、はっきりと同盟の形をとりました。この後、六〇年代に中ソ論争が始まるまで、正確には六五年三月まで、中ソの同盟関係は続きました。「一辺倒」は極めてシンボリックな表現で、この時期における中国外交政策の三つの内容を含んでいました。三つの内容の第一は「一辺倒」です。これはソ連を代表とする社会主義の側に立つということでした。第二は「另起炉竈」。日本語にすると「新しく家を建てる」という意味に近いです。第三が「打掃乾浄屋子再請客」で、「部屋を掃除してそれからお客さんをお招きする」という意味です。まず国内の問題を処理し、それが片づいてから西側の国とのお付き合いは考える、ということになります。これら三つの内容がセットで示していたのは、ソ連との関係を第一に考え、それから米国が主導するような西側世界だけを唯一の世界と思わないで別の家を建てることを考え、西側世界とのお付き合いは中国国内の問題が済んでからでも遅くはない、という立場でした。「一辺倒」は、これら全てを象徴的に示していたと言うことができます。

当時の中国共産党には、いくつかの課題がありました。第一の課題は、革命を成功裡に終わらせることであり、それは、⑴国民政府を倒し、国民党が作った政治的制度・経済制度を変え、国民党が築いた外国との外交関係を全部終わらせて新しい関係を築くこと。また、⑵帝国主義の支配を断ち切り、不平等条約を全部撤廃し、一〇〇年にわたって西側から受けたさまざまな悪い影響を徹底的に排除すること。そして、(3)国家統一を完成し、中国全土をひとつの統一した政権のもとにおくということ。それは、中央政府の意思が国の隅々まであまねく行き渡るようにすることを意味しました。スターリンは、共産党がまだ全土を解放する以前から、もう新疆には関心をもたない、つまり新疆の統一には協力するという姿勢を示しました。それに対して米国は、その後台湾を援助し、中国が分裂されたままでいる状態に加担しさえしたのです。中国の統一こそ革命の勝利という中国共産党の立場からすれば、米国よりもソ連のほうがはるかに好意的であったことは間違いありません。これが向ソ一辺倒という政策が最終的に選択された極めて大きな理由でした。革命の徹底的な勝利を獲得することこそ、当時の共産党指導者たちにとって最も重要な目標だったのです。

第二の課題は、どのような対外政策を採用するのか、ということでした。それは新政権の基盤を強化し、中国国内の安定を確保し、国家の安全保障を実現できるのか否かという問題と直結していました。当時、中国がなお内戦の渦中にあったことを考え合わせれば、それは国民党との内戦にどうやって決着をつけるのか、という問題でもありました。米国は海軍・空軍力を使って蒋介石の国民党を援助しており、中国沿岸の重要な港湾は依然として国民党と米国が海上封鎖をしていました。このような状態では新しい国の安全は確保できません。そこで、(1)外交関係の構築をつうじて、外国の干渉を排除できるような体制を作ることが必要でした。また、(2)国際的な承認も必要でした。毛沢東は、新しい政府ができても三日以内にどの国も承認してくれなければそれで終わりだ、と言ったとされています。どんなに威張ってみても、どの一国も中国を承認してくれなければ、外交的発言力などもちようがありません。この目的を達するためにソ連が果たした役割は極めて大きかったのです。さらに、(3)経済再建のための援助が必要でした。中国の国土は荒廃し、国民経済は壊滅的な状態にありました。国民経済を立て直すためには外国からの援助が不可欠でしたが、ソ連は中国に対して無利子の借款を提案したのでした。

また、第三の課題は、一八四〇年のアヘン戦争以来、半植民地状態に置かれてきた状況を脱し、自立した国家として自己を実現することでした。そこで求められたのは毅然とした原則的で合理的な姿勢でした。なお、中国はどんな弱体なときでも自分の政府と主権を失ったことがありません。植民地になったことはない、という点でインドと決定的な違いがあることを認識しておくことは重要です。

黄華が南京でスチュアート大使と交渉した際、黄華は一歩も米国大使館に足を踏み入れていません。このことは事前に厳命されていて、個人的な接触に徹し、米国を正式に認めるような行動をとることは戒められていました。会ったのは米国大使でしたが、交渉はすべてスチュアートの自宅で行われ、あくまで非公式の形をとり、米国大使館には一歩も足を踏み入れない形式で実施されたのでした。外交が、さまざまな面で、原則に即した対応を必要とすることの顕著な事例でしょう。

中国の指導者たちは、政治指導者としての自らの課題にもとづいて、目標と手段を検討しました。内戦の勝利が確かなものになるにつれて、米ソ双方と同時に接触はしましたが、向ソ一辺倒という政策が選ばれたのは当然の結果だったと言うことができます。

第四講　朝鮮戦争

朝鮮戦争とは、一九五〇年六月二五日の北朝鮮による三八度線以南への侵攻から、五三年七月二七日の休戦協定までを指します。これは中国の領土外で行われた戦争であり、その領土外の場所に大量の部隊が派遣され、緊張状態は三年間という長い期間続きました。また、朝鮮戦争は、中国と米国という大国が直接戦火を交えた第二次世界大戦以後で唯一の戦争でした。

中国はなぜ朝鮮半島への出兵を決めたのでしょう。この政策決定は、大規模な軍事行動を意味しました。焦点は朝鮮戦争が開始される一カ月前の一九五〇年五月です。それに先立つ五〇年二月まで、毛沢東は一貫して北朝鮮による軍事侵攻に反対していました。米国が介入しないはずはないからです。そして同じく二月までは、スターリンもこの計画は危険すぎるとして反対していました。

ところが二月から五月にかけての期間に、スターリンは軍事侵攻反対から支持に方針を転換します。スターリンが考えを変え、金日成《キムイルソン》による朝鮮半島の武力統一を支持することに決めた決定的な理由は、朝鮮半島での軍事紛争に米国が直接軍事介入する可能性を、彼がどのように考えたかによります。五〇年一月五日のトルーマン声明と、それに続いた一二日の国務長官アチソン演説の後、スターリンは二、三カ月をかけて何度も思考を重ね、金日成やソ連の軍事顧問団と意見交換し、米国が兵力を投入して直接軍事介入する可能性は極めて低いと判断し、最終的に金日成の武力統一の計画を支持する決心をしたのでした。こうしてスターリンは金日成の冒険を許可しました。緒戦こそ北朝鮮の進軍は順調だったものの、米軍を主体とする国連軍の参戦によって状況は大きく変わることになりました。九月三〇日と一〇月一日に毛沢東は二つの文書を受け取ります。ひとつはスターリンからの電報であり、いまひとつは、金日成の直筆の手紙でした。九月三〇日付けのスターリン電報は、中国に二個師団を三八度線に派遣して北朝鮮軍の撤退を助けて欲しいというものでした。一〇月一日の金日成の手紙は、中国が派兵して北朝鮮を助けて欲しいという内容でした。

中国は九月三〇日から一〇月一日にかけて突然、そもそも自分の関知しないところで始まった朝鮮戦争に関与するかどうか、という重要な政策課題を突きつけられることになったのです。

中国が最終的に参戦の決定をするのが一〇月一八日、翌一九日には国境の鴨緑江を越えて北朝鮮の領土内に入ります。したがって、一〇月一日から一八日まで、三週間弱の時間がありました。この期間、共産党の最高意思決定機関である政治局では、参戦問題が四回採決に付され、継続審議となり、最後に参戦の決定が下されました。毛沢東は常に参戦するという立場でした。けれども、毛沢東以外の政治局メンバーや、共産党以外の民主諸党派の人々も参戦には反対する態度をとったのです。理由はいくつもありました。ひとつは、三年に及んだ内戦が終わったばかりだというもの。それから米国との戦闘にも懸念がありました。歴然とした軍事力の格差ばかりでなく、経済的にも多くの困難がともなうことが予想されたのです。しかし、ほとんどのメンバーが反対したにもかかわらず、政治局会議では最終的に毛沢東の意見が受け入れられることになったのでした。

毛沢東はなぜ兵力の派遣という決定にこだわったのか、そして政治局の他のメンバーは最終的になぜ毛沢東の主張を受け入れたのでしょうか。三つの理由が考えられます。第一の理由は台湾海峡です。米国は国連軍を使って朝鮮半島で作戦行動をすると同時に、台湾海峡を封鎖しましたが、これは中国の戦略的利益に直接抵触しました。中国は一九五〇年の秋に六〇万の兵力を使って台湾を解放する計画をもっていました。この計画は、米国による台湾海峡中立化によって延期せざるをえないこととなったのです。台湾解放のために用意された六〇万人の兵力は、結局、東北に移動され朝鮮戦争にまわされることになりました。

第二の理由は、安全保障の問題です。朝鮮と中国との陸上国境は一〇〇〇キロあります。もしこの戦争で米国を中心とした国連軍主導の朝鮮半島統一が行われれば、これほど長い極めて緊張した防衛ラインを、中国はもたなければならないことになります。安全保障の観点から、自国と国境を接する地域に、少なくとも敵対的でない国家が存在していることを中国は望んだのです。政治局の多数派が出兵に否定的であったために、周恩来がモスクワに向けて一〇月八日に北京を出発しました。周恩来はスターリンに出兵に消極的な考えを伝えたわけですが、スターリンはつぎのように回答しました。中国が望まないのであれば、出兵の必要はない。ただ、たとえ北朝鮮が滅亡することになってもソ連は一兵たりとも派遣しない。また、金日成の処遇を考える必要があるので、出兵しないのならその代わりに、金日成が中国に亡命することを許してやって欲しい、と。これは中国東北地域に亡命政権ができることを意味しました。金日成が戦争に負けて北朝鮮がなくなり、金日成が東北地域に逃れてくれれば、中国は自国の領土内にいっそうの不安定要因を抱え込むことになります。これこそ、毛沢東が考慮した重要なポイントのひとつでした。

そして第三の理由は、中国という国家の威信の問題です。三八度線を北に越えようとする国連軍に対し、「米国が三八度線を越えれば中国は必ず関与する」と、中国が言い続けたにもかかわらず、米国は歯牙にもかけなかった。マッカーサーは、万が一中国が介入しても、そんなことは意に介さない、そうなれば史上最大の虐殺が起こるだけだ、と言ったとされています。中国が警告しようが何をしようが、中国などは米国の敵ではない、というのがマッカーサーの理解でした。中国は警告をしましたが、それは相手にされなかった。ここでもし中国が本当に反撃しなければ、中国の外交的な警告は今後一切説得力をもたないことになります。中国の警告を相手が無視する状況を見過ごすならば、それは中国の国家としての威信にかかわることになる。おおよそこのような論理で毛沢東は出兵を主張したのでした。万が一負けたらまたやり直せばいい。しかし、今この瞬間、中国は出兵せざるをえないのだ。今まで一〇〇年の半植民地状態が背負わせた心理的トラウマを払拭するという意味がこの戦争にはあるのだ、と毛沢東は考えたことでしょう。

中国がこの戦争に関与した最大の理由は、あくまで自らの国家的利益でした。そしてその参戦の直接の目的は、少なくとも中国の国境の外に金日成政権を生き残らせる（中国の安全保障上それは必要でしたし、同時に、不安定要因である亡命政権を受け入れることはできませんでした）ことであったという点から考えれば、その目的については成功したとみなすことができると思われます。

第五講　台湾海峡危機

台湾海峡危機は今までに三回ありました。一九五四年から五五年が第一次台湾海峡危機、五八年が第二次、九五年から九六年が第三次です。第一次は浙江省の大陳群島、第二次は福建省の金門島が争点でした。中国はもともと五〇年秋から五一年春までの期間に、台湾を軍事的に制圧する計画でした。そこへ朝鮮戦争が起こり、中国の軍首脳部は五〇年七月に台湾解放をいったん凍結する決定をしました。五三年七月に朝鮮戦争の停戦協定が結ばれても、この地域では不安定な状態が続きました。当時台湾は中国の浙江省辺りに空爆を行っており、米国と国民党政府は二〇〇〇キロにわたって、中国の東南沿海地区を軍事的緊張状態に置いていました。米国と国民党政府の間では、相互防衛協定の話し合いが五三年夏から始まり、五四年夏には交渉がまとまりかけました。台湾が軍事基地となる可能性に対して、中国指導部は危機感をもつことになったのでした。

一九五四年七月頃から五七年一二月にかけ、人民解放軍において「二つの二歩」政策が形をなしていきました。まず小さな第一歩と第二歩で大陳群島と金門島を奪還する。この小さな二歩が大きな第一歩にあたり、台湾本島の解放が大きな第二歩というプランでした。このプランを知れば、五五年に大陳島で紛争が起こり、五八年に金門島で紛争が起きたということを整合的に理解できます。国民党が自主的に退去したために、中国は五五年二月には大陳群島をほぼ制圧しました。この時点で、中国にとって課題は、米国の介入を回避しながら、福建省に空軍を設立することでした。一九五八年一月、人民解放軍首脳部は、金門解放に適切な時期を七月から八月と算定し、三月初めには、中央軍事委員会の正式な決定となりました。決定過程を見ると、十分な知識と経験をもった軍首脳たちが冷静に立案したものを、中央軍事委員会という組織が承認し、毛沢東がそれを認め実行に移されたことがわかります。つまり、福建省に空軍を設置するという目的がまずあり、それに沿って具体的なプロセスが考えられて立てられたプランだったわけです。

第二次台湾海峡危機は一九五八年八月二三日から始まります。この危機の目的が大躍進の失敗から目を背けさせることにあったという説には一理あります。ただ、結果から見ると、毛沢東はフォーマルな決定を執行しただけとも理解できるのです。なぜなら、事件の後、福建省に予定通りに空軍を設置することができ、制空権の問題が解決されたからです。

台湾が支配している金門島に、中国が砲弾の嵐を浴びせたということは、明らかな軍事挑発でした。当時、台湾にはまだ米軍が駐留しており、米国の航空母艦が六隻も台湾海峡に集結しました。空母一隻には一五隻程度の艦船がついて空母艦隊を形成しているので、空母六隻とは非常に多くの艦艇が台湾海峡に集結したということです。これだけ大規模な軍事行動をとる以上、中国は同盟国であるソ連に事前に通告するのが義務でした。ソ連に対して何の通告もないまま、一方的にこんな大きな軍事行動を中国が起こしたことに、ソ連は不信感を爆発させました。フルシチョフはこの事件以降、中国は同盟国として信頼できない国だという認識をもつようになりました。わずか一カ月前にフルシチョフが北京を訪問していたにもかかわらず、毛沢東はこの計画について一言も話さなかったのです。毛沢東の側に立てば、台湾海峡は中国の国内問題であり、中国が事前にソ連に相談するような性格の問題ではありません。ソ連の方は一貫して、中国は事前に報告するのが義務だったと考えていましたし、それは合理的な主張でした。九月四日の声明で、中国政府は、中国軍が特別に展開する地域として金門島・馬祖島に言及しました。中国は米国との間で越えない上限のラインを引こうとしたのでしょう。九月五日にはグロムイコ外相が秘密裡に中国を訪問します。このグロムイコに中国は紛争の不拡大を保証しました。グロムイコは安心し、その結果、フルシチョフはアイゼンハワーに、ソ連が中国を全面的に支援する旨の長文の手紙を書くことになったのでした。

九月四日に出された米国国務省の台湾防衛声明に対し、六日に周恩来が声明を発表し、米国との間で大使級の会談を復活させることを提案しました。こうしてこの日には、中国と米国との関係は、軍事対決から外交交渉に変わったのでした。九月一七日になると米国は台湾の防空識別圏防衛に自国の空軍を参与させています。すでに戦時となり、米国は台湾の防空に積極的に関与することになったのでした。ここに至って、中国は強硬姿勢を放棄するという政策転換をすることになりました。このことは一〇月三日から四日にかけての中国指導部の会議で決定されました。決定されたことは三つあります。一つ目は、金門島と馬祖島を取り戻すという政策はやめること。金門島と馬祖島を取り返してしまうことで、大陸と台湾が全く別の世界になってしまうことは避けたいとの判断がなされました。二つ目は、紛争の更なる拡大は米国の介入を招くから、軍事行動をこれ以上エスカレートしない、ということ。三つ目は、米中間の大使級の交渉は継続する、ということでした。交渉が続いている限り米国はこの問題を国連に提訴することはできず、紛争の国際化を防ぐことができます。こうして一〇月中旬には危機は終束することになりました。

第二次台湾海峡危機の評価ですが、第一に、金門や馬祖はもはや中国にとって軍事的な脅威ではなくなりました。つまり、福建省に順調に空軍を設立し、陸海空軍の力を使って金門島、馬祖島を封鎖するところまで実際に実現できたからです。第二に、これ以降今日に至るまで台湾の空軍による中国に対する国境侵犯はなくなりました。つまり、非常に脆弱であった福建省一帯五〇〇キロの防空圏が完成されたのです。中国はこの地域に制空権を確立しました。第三は、米国がこの地域から中国の安全を脅かすことはありえないという認識を、毛沢東はもつことになりました。第四は一番大事なことですが、一〇月六日、中国外交部と中共対外連絡部との合同の会合が開かれて、台湾をめぐる外交政策が大きく変わったことです。つまり、今までの、米国の侵略に反対する、という政策から、米国が二つの中国を創りだそうとする動きに反対する、という政策に変わることになったのです。二つの中国に反対するということは、当面金門島と馬祖島は取り返さないということを意味しました。二つの二歩政策は、事実上ここで放棄されたのです。これ以降、中国は台湾・澎湖島の問題と金門・馬祖島の問題を分けなくなりました。台湾・澎湖島・金門島・馬祖島を一括して台湾政策の対象として考え、政策を立てるようになったのです。その意味では、第二次台湾海峡危機によって中国の台湾政策は大きな転換を見せたと言うことができるでしょう。

第六講　この時期の中国内政Ⅱ：大躍進から文化大革命の狂気へ

一九五八年五月になると、毛沢東は大躍進政策の旗を振り始めます。八一年の「歴史決議」は大躍進以前の毛沢東を不問に付しますが、例えば人民公社化に先立って毛沢東が進めた急進的な農業集団化に問題はなかったのでしょうか。毛沢東の発動した「大躍進」運動は、結果的に二〇〇〇万人とも三〇〇〇万人とも言われる餓死者をともなう最悪の結果をもたらしました。共産主義のモデルとされた人民公社の生産力はあがらず、公共食堂でも大衆は満足に食べられませんでした。この問題に直言しようとしたのは国防相の彭徳懐でした。彭徳懐は盧山会議（五九年七月）で政策調整を提案しますが、不名誉な失脚を強いられ、文革中には迫害を受け、最後は軟禁されたまま命を落とします。彭徳懐失脚後、共産党の党風は大きく変化していきます。彭の解任後、国防相の地位に就いたのは林彪でしたが、毛沢東にとって、林彪は初めから彭徳懐を牽制するための駒でした。

劉少奇や鄧小平は調整政策を実施し、大躍進の被害を小さなものにしようと努めました。毛沢東に文化大革命を用意させたのは、この調整政策の核心にあった請負制だと見ることも可能です。この請負制を支持した鄧小平の言葉がいわゆる猫論です。毛沢東はこの調整政策を後に、「三自一包」と呼んで貶めることになります。調整政策はいわば、新民主主義への回帰であったとも言えます。

一九六二年一月一一日に七〇〇〇人大会が開催され大躍進政策についても議論がなされました。

周恩来は大躍進の失敗を自分のせいにし、彭真は毛沢東を批判し、劉少奇もそれに近いトーンだったとされます。林彪だけは大躍進から離れて毛沢東を絶賛しました。ここで劉少奇は「天災三分、人災七分」という総括を行いましたが、それは毛を苛立たせるに充分なものでした。六六年八月、「プロレタリア文化大革命」が発動されます。毛沢東の理想の方向がどこにあったのかは議論のあるところですが、国家主席であり、毛沢東の盟友であり、後継者であった劉少奇が権力闘争のターゲットになったことは事実です。毛が自分の理想を進めるには劉少奇の体制そのものが障壁でした。

文化大革命は、毛沢東の周到な準備のもとに発動されました。毛沢東が「実権派」と呼んだ劉少奇ら党中枢の多数派を打倒するためには、中央や地方の党組織をつぶし、新たな組織をつくることが必要で、文革は奪権闘争という性格をもちました。奪権とは、一義的には、在職幹部のつるし上げでしたが、同時に、既存組織の代表権を象徴する印章を取り上げ、また、檔案《とうあん》を奪取・修正することであったと思われます。毛沢東が文革を発動した理由は、社会主義ユートピアの妄想とフルシチョフのような人物の出現への恐怖だった（高文謙・上、一一六頁）と言えるかも知れません。

文革には幾つかの段階があります。一九六五年一一月一〇日の「海瑞免官を評す」の発表はその陰湿な出発点でした。そして、六六年八月、文革は正式に決定されます。この年の、一〇月・一一月から六七年の一月・二月にかけて反血統主義が重視される一時期が存在しました。文革の最初期、紅衛兵には、出身の良い者、すなわち「紅五類」のみが参加できたのです。これは形を変えた血統主義であり中国の伝統観念と言えます。革命を唱道しながら、現実に革命を担った勢力の保守的な限界を表しているとも言えるでしょう。この間、中央文革小組をブルジョア反動路線として批判する紅衛兵組織さえ出現しました。六七年二月になると、文革は上海コミューンの成立という成果に逢着し、毛沢東はこれを上海市革命委員会と呼び、文革は革命委員会成立の方向に動くようになります。毛は六七年一月二三日に人民解放軍の投入を宣言しますが、暴力は一向に沈静化しませんでした。上海における奪権闘争の後、武闘は勢いを増し、七月二〇日の武漢事件以降はますます過激化していきました。武漢事件は結局のところ、毛沢東が奪権闘争の収拾モデルを自ら構築しようとして、失敗したケースだと言えます。文革は混乱を招くばかりでした。同年九月に毛沢東は武闘禁止を指示していますが、効果はありませんでした。混乱の原因のひとつは、毛沢東が手足として用いた紅衛兵の組織力のなさにありました。また、無意味な対立がさまざまな組織の間を貫いており、闘争は広がるばかりでした。軍における文革の実行者である林彪は、軍で文革が進まない理由を、葉剣英ら軍長老の抵抗にあると見ていました。六七年二月には軍の古参幹部たちがこぞって文革小組に対抗しましたが、この動きは「二月逆流」というレッテルを貼られてしまいます。六七年後半以降の毛は、軍の影響力を牽制することにも腐心しなければなりませんでした。

劉少奇との闘争のために、毛沢東は林彪の力を頼り、また、周恩来の抱き込みを計ることになります。こうして、周恩来は文革において、中央政治局を主宰させられ、党・政・軍の日常業務を処理することになりました。周恩来はこの役割に踏みとどまろうとしますが、やがて文革小組と毛沢東の圧力のもとで痛ましい形で実権を喪失していくことになります。

文革の後半では、林彪の勢力が強くなっていきます。劉少奇は文革初期に失脚していきました。劉少奇という共通の敵が打倒されてみると、林彪と江青たち文革小組との矛盾は、広がっていきました。また、林彪は、毛沢東の戦友であり、後継者であるとまで党規約に書かれながら、自分の地位が極めて不安定なものにすぎないことに気がつきます。「新たな権力構造の中で、政策決定権は毛が、執行権は周が握り、彼はただのお飾りにされていた」（高文謙・上、三一八頁）のです。やがて、国家主席の座も逃して、追いつめられた林彪は、米中接触の渦中において命を落とすことになりますが、その死の真相は定かではありません。もっとも、林彪との関係の悪化は、毛沢東に対米関係の改善というカードを切る動機をいっそう強めさせることになります。対米関係の改善は文革の混乱を中和する効果をもちました。七一年一〇月には軍事委弁事組が廃止され、葉剣英が軍事委弁公会議を統括するようになりますし、一一月になると、二月逆流で批判された軍長老らも名誉回復を遂げるようになります。七二年四月には、文革失脚者の名誉回復も相次ぐことになりました。

さまざまなレヴェルでのさまざまな形での権力の葛藤が観察され、それが混乱を助長しました。文革小組と周恩来の国務院さらに林彪の人民解放軍の間の対立、また、造反派にしても一枚岩ではなく、紅衛兵と労働者や農民の利益は一致しませんでしたし、紅衛兵の間にも血統主義と反血統主義の対立があり、さらには、前述のように中央文革小組を批判する紅衛兵さえ存在しました。また、解放軍も決して林彪一色だった訳ではなく、多くの長老たちや反林彪派と林彪との間には亀裂が存在しました。革命委員会にしても六九年になっても内部抗争が絶えませんでした。

第七講　中印国境紛争

中印国境紛争における一番大きな武力衝突は一九六二年の一〇月に起こり、軍事的には中国の一方的な勝利で幕を閉じました。もっとも、中国は一方的に停戦を宣言し、元の位置まで撤退しています。つまり、一カ月にわたるこの軍事衝突は境界線の変更をともないませんでした。その後、中国とインドの間に対話の雰囲気ができあがっていくのは、やっと九〇年代末のことです。今日、中印間には大幅な関係の改善が見られますが、この問題は依然として中印間の棘となっています。

建国後間もない中国にとって、国境問題は極めて困難な問題でした。中国が国境を接している国々との間の国境の状況はおおむね三種類のものがありました。第一は、まがりなりにも条約・協定が存在していた境界関係です。第二は、条約・協定はなかったけれども伝統的な慣習にもとづいて漠然と双方に意識されていた境界がある場合。第三は、お互いが軍事力もしくは警察力を配備して実際にコントロールしている領域が相互に接触して、そのことによって事実上の境界ができあがっているものです。これは実際支配線と言い換えることもできます。もっとも前述の古い協定も大抵の場合中国にとっては、押し付けられた不平等条約でした。中国とインドとの国境にしても、清朝・中華民国と英領インド植民地当局との間でもたれた交渉がもとになっています。このように条約上の根拠といっても、実際には帝国主義列強あるいはその植民地政府と、当時の非常に弱体化していた中国政府との間の交渉の結果である、という性格をもっています。

中国とインドとの間には、西部、中部、東部と三つの国境地帯があります。中部国境には大きな問題はなく、国境問題は基本的に西部国境と東部国境をめぐって生じました。西部国境はアクサイチン、東部国境はインドが東北辺境州と呼んでいた地域で、その一番北の縁がマクマホン・ラインです。中国はインドとの国境問題を伝統慣習線の問題だと考えていましたが、西部ではそれが実際支配線の問題となりました。では、この実際支配線はどのようにして生まれたのでしょうか。中国は一九四九年一〇月一二日にアクサイチンの北に位置する新疆一帯に人民解放軍を進めました。そして五〇年三月になると、解放軍の先遣部隊は中国とパキスタン、インドとの国境まで到達しました。この地域を中国は自国の領土だと認識しており、進軍は極めて平和裡に行われたわけですが、後になって、インドがこれにクレームをつけます。アクサイチンは、中国領ではなく、インドの領土である、というわけです。伝統慣習線についての理解が中印間で分かれ、こうして国境線が問題化することになりました。東部については、インドは五〇年からこの東部辺境州の一番南のライン、すなわちブラマプトラ河のすぐ北のところから徐々に軍隊を北に向かって進行させていきました。客観的に言えば、中国が朝鮮戦争に追われているその隙を狙ってインドはこの地域を侵食していったと言えます。そして結局このマクマホン・ラインまでの領土を一方的に占拠したのでした。

マクマホン・ラインは、一九一四年に英国インド政庁とチベット地方政府との間で結ばれた協定にもとづいており、インドはこれを中印間の国境線であると主張しています。ところが、この一四年のシムラ協定に、中国の中央政府は正式に署名したことがありません。したがって、それはインド側の一方的な主張にすぎないというのが中国の立場です。中国が伝統慣習線で解決しようとした問題を、インドはシムラ協定がある以上、それを基礎にすべきだという立場に立ちました。中国にとって、マクマホン・ラインをめぐる国境問題は、古い協定があるその他の国との国境問題とは性格が違います。インド以外の場合は、たとえ不平等条約であっても、当時の中国政府がともかくも署名し承認した条約なのですが、シムラ協定については、不平等条約であることはもとより、中国政府が正式な署名も承認もしたことのないものなのです。もっとも、承認していない条約ではあるけれども、マクマホン・ラインをもとに交渉してもよいという現実的な立場を、中国はとりました。

この当時の中印関係は、別の理由から緊張していきました。チベット問題です。一九五九年三月のチベット反乱の際には、インドは実際にかなり深くチベット問題に関与しました。そして反乱が鎮圧されると、これらの勢力は大量に中印国境を抜けてインドに逃れることになりました。ダライ・ラマの亡命もこの折のことでした。その結果、当然人民解放軍は中印間の国境を封鎖することになり、中印国境は極めて緊張した状態におかれることになったのです。双方の軍事警察力が国境線近くまで大量に駐屯するようになれば、そこに紛争が起こる可能性は当然高まっていきます。

その後一九六〇年四月に周恩来がニューデリーを訪問し、双方の総理が会見したことで一定の緊張緩和はありましたが、国境問題について見ればこの会談は決裂したも同然でした。この会談の後にインドがとった政策は、「前進政策（forward policy）」と呼ばれ、東部国境と、特に西部国境で実行に移されました。中国軍がいない地域を狙って軍隊を一方的に前進させて、これをインド政府は「警察行動である」としました。そうした行動のいくつかは、インド自身が国境線だと認めるラインをさえ越えており、中国側からすれば国境侵犯でした。インドの前進政策によって、一触即発の状態が出現することになりました。この状態を長く続けることは不可能でした。六二年一〇月二〇日、中国軍が全面攻撃を開始します。戦闘は西部国境と東部国境とで同時に大規模に行われ、このままではネルー政権はもたない、というところまでインド政府は追い込まれたのですが、一一月二一日、中国軍は作戦の目的を終えたので撤退する、と宣言して一方的に撤退してしまいました。

この軍事行動によって中国が自分の政策目的を達成できたのかどうか、ということが外交政策決定の観点からは重要です。この紛争によって、少なくともインド軍が完全に戦意を喪失したことは事実で、その後何十年にもわたって、中国とインドの間には軍事紛争は起きませんでした。その意味ではインドの戦意を挫き、さらなる挑発行動を封じ込め、この地域の安定を実現するという中国の目的は実現されたのです。それは一カ月の限定紛争という抑制された方法によって、相当長い期間続く国境線の安定を実現させた政策決定でした。しかも限定戦争であったために、死傷者数は少なく抑えられ、戦費はほとんど経済建設に影響しませんでした。インドと泥沼の長期戦になることを避け、早期撤退したという判断も賢明でした。もちろん、中国とインドとの二国間関係は長期にわたって、冷え込むことになりますので、総合的な評価はまた別途検討する必要があるでしょう。

第八講　中ソ同盟と中ソ論争

中ソ同盟は中ソ友好同盟相互援助条約が調印された一九五〇年二月一四日から始まり、ソ連がモスクワで世界共産党協議会を開催する六五年三月まで続くことになります。一五年間の同盟関係でした。同盟が破綻した後、六九年には国境紛争を起こすほどに、両国関係は悪化していきました。中国とソ連との関係には三つの特徴がありました。第一に、長い国境をもつ大国同士だ、ということ。第二に、ともに高度集権化された社会主義国であった、ということ。第三に、軍事同盟をもった関係であった、ということです。

双方ともが社会主義国であるということは事実上、共産党による一党支配が行われていることを意味しており、特定の決定層に権力が集中しています。政策決定には当然共産党の体質が影響しますし、共産党の指導者の個性や性格そのものが直接その国の政治、さらには外交政策の決定に影響を与えることになります。中ソ同盟について言えば、毛沢東とスターリン、毛沢東とフルシチョフ、これらの人々の性格と、それぞれの間の個人的な関係、あるいは好き嫌いが、両方の国の外交に極めて強く影響しました。毛沢東とフルシチョフともに、非常に個性的で、あまり人との付き合いが得意ではないという共通性がありました。人付き合いが得意でないというのは、我が儘で、自己中心的だという意味で、そのことが両国関係に大きく影響しました。また、中国とソ連がそれぞれ社会主義国であったことは、双方の間で問題が生じたときに、それを処理する原則が二重に存在したことを意味しています。一方で一般的な国家間関係である以上、国際法に拠った解決ルールがあります。しかし同時に、プロレタリア国際主義という理念があり、社会主義国同士には特別な関係があるという考え方も存在しました。社会主義兄弟国間の関係は必ずしも国際法に依拠しないで処理をすることがあったのです。このように、社会主義国の間の問題処理には、国際法とプロレタリア国際主義という、二つのスタンダードが存在していました。そして、そのことを双方がきちんと認識していないばかりか、そこに混乱が存在したのです。

中国とソ連との関係には軍事同盟という面もありましたが、軍事同盟に対する考え方が、中国とソ連では大きく異なっていました。ソ連は帝政ロシアの時代からヨーロッパで他国と同盟関係を形成する経験をもっていました。勢力均衡外交の歴史と経験があり、いろいろな国と一定の期間同盟を結ぶことに慣れていたのです。他方、近代史のなかで、中国が他国と長期的な同盟を結ぶことはありませんでした。ソ連は、同盟関係とは権利と義務の関係だと考え、双方にはそれを遵守する責任がともなうと認識していました。したがってソ連は当然中国に対する権利と義務があるが、これは同時に相手に対して同じように権利と義務を要求できるということを含んでいました。

これに対して、中国の指導者はこうした意識をはっきりともっていませんでした。同盟関係そのものに対する相互の理解の違いが、お互いの矛盾を大きくし、同盟関係の悪化に大きな影響を与えました。中国とソ連との関係はこれほど入り組んだものだったのです。にもかかわらず、当時のソ連の指導者に、そして中国の指導者にも、両国の関係の複雑さは十分に意識されていませんでした。

中ソ友好同盟相互援助条約の締結によって、中国とソ連の同盟関係が始まります。ソ連との同盟は、中国に非常に実りのある戦略的利益を提供してくれました。まず経済的利益があり、ソ連は中国に一五六項目の重要工業部門への援助を提供しました。つまり経済援助です。スターリンは極めて多額の援助を毛沢東に約束しました。この一五六項目は、軽工業から重工業まで、非常に広い分野に及び、中国の工業に基本的な近代化の基礎を提供してくれるものでした。中国の歴史上、ひとつの国がこれだけ多方面にわたって中国に対して大量の援助をした例は他にありません。これだけ見ても、ソ連との同盟は、中国にとって成功であり、極めて賢明な選択でした。そうであるだけに、中国がこの同盟関係を継続できなかったことは、中国外交の失敗だったと言えます。

中ソ関係の悪化と破綻には、主に以下の三つの理由があります。第一は、中国とソ連との国防協力をめぐる意見の不一致です。つまりは核兵器の作り方を、ソ連は結局、中国に開示しませんでした。それが中国の不満を生んだのです。ソ連が二つの軍事協力の提案をしたことも関係を悪化させました。ひとつは、中国とソ連で共同して太平洋艦隊を創るという計画、いまひとつは中国国内に無線基地を作るという計画でした。当時中国は、これは中国の主権を侵害するものだとして、ソ連に対して強く抗議しました。しかし、外交的に見れば双方は軍事同盟関係にあり、中国国内にソ連の基地があるのは当然のことで、別段抗議される謂われはないというのがソ連の認識でした。中国が怒り、抗議した背景には、中国にこうした権利と義務の関係についてはっきりとした理解がなかったことがありますが、もうひとつには、外国に主権を侵され続けた中国には、自分の国の領土内に外国の軍事基地があることは絶対に許せない、そういう感情があったのです。第二に、対外政策をめぐる不一致。これは中国が暴力革命をやり続けようとしたのに対して、ソ連が非暴力的な革命を追求しようとしたことに求められます。特に、一九五九年九月のフルシチョフの北京滞在で、中国の指導者とソ連の指導者との間に感情的に極めて重いしこりが残ることになり、その後、個人的な関係の修復は不可能になっていきました。それから第三に、五八年に始まる中国の大躍進政策。五九年夏にフルシチョフがポーランドで行った発言はまず間違いなく毛沢東に対する批判でした。大躍進政策の適否についてソ連と中国には認識の相違がありました。この三つが合わさって、中ソ関係をさらに悪化させていったのです。もとよりどのひとつも決定的な理由にはなりえません。また三つ合わさっても、完全に充分な理由とは言い切れないかも知れません。

こうしてソ連と中国との間には抜き差しならない対立が生じていきました。翌一九六〇年になると、ソ連は中国に派遣していた技術者を一斉に引きあげます。この対立を、毛沢東はソ連が社会主義から逸脱しようとしている、と簡単に結論づけました。これ以降、ソ連と中国との間の見解の不一致は、すべてどちらが正しい社会主義か、どちらがマルクス主義として正しいかという争いになっていきました。そして六三年以降はもう完全に、中ソの間でどちらが正しいかを争うイデオロギー対立になってしまったのです。六五年になると二つの党の間の関係も断絶し、条約こそ破棄されなかったものの、中国とソ連との同盟関係は、名目だけの関係に変貌してしまうのです。

第九講　ヴェトナム戦争

一九世紀の末から長らくヴェトナムはフランスの植民地でした。第二次世界大戦中、ヴェトナムは事実上日本の勢力下にあったわけですが、日本が敗戦するとフランスがインドシナに戻ってきます。ヴェトナムではそれに先だって一九四五年八月にホーチミンが独立宣言をしており、戻ってきた宗主国フランスと独立をかけて戦うことになりました。この第一次インドシナ戦争では中国がヴェトナムに強力な援助を行いました。朝鮮戦争では「抗米援朝〔抗美援朝〕」という表現が使われましたが、ヴェトナム戦争では「援越抗仏〔援越抗法〕」という言い方をします。朝鮮戦争では中国は直接軍隊を派遣して米国に対抗したのに対し、ヴェトナム独立戦争の場合にも、ヴェトナム戦争のときも、中国は自分の軍隊を直接派遣して戦闘に参加することはありませんでした。あくまでヴェトナムへの支援をつうじて、間接的に関与したのです。

一九五〇年一月から二月にかけて、脆弱なホーチミン政権は、中国とソ連という二つの大国から外交承認をえます。これはホーチミンが国際舞台で発言力を高めるのに有効な政治資源となりました。その後、北朝鮮や東欧諸国がヴェトナム民主共和国を外交承認しています。また、ヴェトナムの将兵はすべて中国の領土内で訓練を受けさせ、中国製の武器を提供し、人民解放軍の高級参謀たちをヴェトナムに派遣して軍事顧問団とし、作戦の立案や将校の養成のために役立てました。このように中国は全面的にホーチミン政権を支援したのでした。

一九五四年の停戦協定の時点で、中国とヴェトナムとの間には葛藤が生じます。ひとつは、ここで停戦をするのか否か、という問題でした。ホーチミンたちはすでに軍事的優位に立っていたので、「まだやれる」という判断をもっていました。もうひとつは、朝鮮半島には三八度線がありましたが、ヴェトナムで軍事境界線をどこに引くかは不分明だったのです。この二点をめぐって、中国とヴェトナムとの間に対立が生まれることになりました。中越間の不一致は、停戦の問題と軍事境界線の問題にあったのです。ヴェトナムの側には停戦協定を結ぶことについて反対意見がありました。そしてそれを主に説得したのは中国の総理兼外交部長・周恩来だったのです。それゆえ、周恩来のやり方に対してヴェトナム側に大きな不満が残ったことは否めません。その後、七〇年代になって、中国とヴェトナムとの間に意見対立が生まれ外交問題に発展していきますが、中国とヴェトナムの関係が悪化していく歴史的原因のひとつはここにあったと言うこともできるでしょう。

第二次インドシナ戦争とも呼ばれるヴェトナム戦争は、米国が相手だったので、「援越抗米［援越抗美］」と表現されます。この戦争が中国の外交問題だった期間について見ると、一九六三年に支援決定をして、六五年に具体的な軍事的措置が始まり、米国とヴェトナムの間で基本的に大きな戦闘が終わる七三年までの約一〇年間ということになります。大規模な兵力派遣だったことは疑いがありません。この一〇年間に、中国は前後して三二万人の兵力をヴェトナムに送っています。もちろん北ヴェトナム地域であり、ヴェトナムに送られた中国の兵士は、防空に加え、鉄道や軍事施設・倉庫の整備といった作業に従事しました。そのピークは六七年で、この年には一七万人の中国兵が北ヴェトナムにいたことになります。中国は、戦闘以外のすべてのことをやった、と言っても過言ではありません。ヴェトナム戦争は七五年に終了し、ヴェトナムに平和が訪れるわけですが、それまで良好だった中国とヴェトナムの関係は、実はそれからたったの四年で破綻に至ります。七九年には中国とヴェトナムの間で軍事紛争（中越戦争）さえ起こりました。この中国とヴェトナムとの対立は、実はすでに中国がヴェトナムを援助している期間にその種が蒔かれていたのです。

中国がヴェトナムに大規模な支援を行った理由は大きく言って三つあります。第一は朝鮮戦争と同じく地政学上の問題であり、米国が中国の国境に接近しすぎることを避けようとしたのです。第二に民族解放闘争であるヴェトナム戦争への支援は、自分たちの理念を象徴的に表現する意味をもちました。大規模に援助すること自体が、中国の対外政策に合致しており、政治的利益でもあったのです。第三の理由は、中ソ関係の継続的な悪化を背景にしています。ヴェトナム戦争に対して援助している度合いが高ければ高いほど、レーニン主義のエッセンスである暴力革命を実行していることになり、つまるところ、ソ連より正しく社会主義を実践している、と主張しえたのでした。

一九六三年春に劉少奇がヴェトナム代表団にはっきりとした援助の姿勢を示していることから、この年の夏頃に中国がヴェトナム戦争に関与することを決定した、と判断することが可能だと思われます。一九六四年にはそれが具体的な政策の形をとって実行されるようになりました。

この間、中国は米国の軍事行動をつぎのように予想し、その干渉を三つのレヴェルに分けて考えました。まず、米国の南ヴェトナムに対する援助が引き続き拡大すること。これは程度の軽い第一のシナリオでした。つぎに、米国がヴェトナムの南半分に正規部隊を派遣し、さらに北ヴェトナムに対して空爆を行うこと。これが第二レヴェルのシナリオで、米国の現実の行動はほぼこれに沿ったものになりました。それから第三のレヴェルとして、米国の地上軍が朝鮮戦争の際、三八度線を北に向かって越えたように、ヴェトナムでも場合によっては米軍が北へ向かって一七度線を越えて進軍する可能性が考えられました。

もっとも、中国領への直接攻撃に及ぶことまでは想定されませんでした。中国は六四年から六五年にかけて、さまざまな外交ルートをつうじて、米国に自己の決意を伝達しました。つまり、警告したのです。そしてこの警告には中国が現実に軍事介入を決定する二つの判断基準が示されていました。第一の基準は、米国の地上軍がヴェトナムの一七度線を越えて北に進攻した場合。そして、第二の基準は、米国空軍が直接中国の領土を攻撃した場合、です。この二つのうち、どちらかでも現実になった場合には、中国はこの戦争に全面的に介入することになる、と伝えたのでした。

この警告内容は極めて明解なものでした。朝鮮戦争をとおして、米国は中国のことを理解しました。つまり「中国は言ったことは必ず実行する」という教訓を米国はもっていたわけです。それは第三講で論じた朝鮮戦争が米国に与えた教訓だったと言えるでしょう。そこでこの度は、米国は英国経由とワルシャワ経由の二つの大使館チャンネルをつうじて、中国に対し米国の地上軍が一七度線を北に越えることはないし、中国の領土を爆撃することもありえないと伝えたのでした。

第一〇講　中ソ国境紛争と米中接近

この二つの政策決定を取り上げるのは、中国との関係改善というニクソンの決定には、一九六九年の国境紛争が影響を与えており、この二つの問題が密接な関係にあるからです。

一九六二年一〇月のキューバ危機の期間、中国に擦り寄っていたフルシチョフは、危機が去ると、イリ事件と中印国境紛争を理由に、再び中国に対して敵対的な姿勢をとるようになりました。六三年三月八日の人民日報社説は、フルシチョフの批判に対する中国の反論でした。その内容は、中国とソ連との関係の背景には、清朝とロシアとの間の一連の不平等条約があるが、これらの不平等条約は西側との間の多くの不平等条約と同じで再検討する必要がある、というものでした。この社説の衝撃は、ソ連に具体的な措置までもとらせました。六三年七月、ソ連はモンゴルの南部国境地帯に軍隊を派遣し、モンゴルの南部国境地域を守ることに関する協定をモンゴルとの間で結んだのでした。六六年になると、ソ連はモンゴルとの間で友好協力相互援助条約を締結し、さらにモンゴル南部にいる軍隊の規模を増やすことになりました。こうして六四年から六六年にかけて、ソ連がいつ軍事侵攻してきてもおかしくないという想定を、中国側は現実に検討するようになりました。この期間にソ連では六四年一〇月にフルシチョフが失脚しましたが、そのすぐ後、六五年三月一日から五日にかけて、モスクワで世界共産党協議会が開かれました。中国の反対を無視して、ソ連がこの会議を強行したことで、中ソ同盟関係は六五年を節目として形式的にも終了することになったのです。中ソ同盟関係をさらに悪化させたのは、六八年八月のチェコ事件でした。プラハの春が血で弾圧されたこの事件は、計り知れない影響を世界に与えたと言えます。このとき発表されたブレジネフ・ドクトリンを、中国は激しく非難することになりました。ソ連がやったことは帝国主義と同じで、ソ連はもう社会主義国ではない。ソ連は「社会帝国主義」だというのです。

中ソ東部国境のウスリー江に、中国語で珍宝島、ロシア語でダマンスキー島と呼ばれる島があり、一九六九年三月二日、ここで中ソ間の国境紛争が起こりました。東部地域での三月の国境紛争は、やがて西部にも波及し、中ソ国境の全線にわたって、極めて大きな緊張が生み出されたのでした。

今日の視点から冷静に見てみると、この国境紛争は事件としては非常に小さなものであり、局地的な紛争にすぎないものでした。けれど、この事件によって中国の政策決定層は、いずれソ連の大規模な軍事侵攻があるかも知れないという観念をもつようになりました。ソ連がいつ進攻してくるかわからない、全党と全人民は徹底してソ連の侵入に対する防備をするように、毛沢東は指令を発しました。それが一九六九年四月から五月のことです。従来、中国の安全保障を脅かす最大の存在は常に米国だと考えられていましたが、ここに至って、安全保障上の最大の脅威は北でありソ連なのだと、中国指導層の認識は大きく変化することになりました。米国との関係改善を、毛沢東が真剣な政策上の考慮の対象にし始めたのは六九年一一月であると考えられます。このように、ソ連による侵攻の可能性を過大に評価するという誤った政策判断を毛沢東は行いました。しかし、この判断ミスは米中間の関係改善という予想外の結果につながっていくことになりました。六九年五月に集められた長老格の四人の元帥たちによる小委員会は、ソ連の方が米国よりも脅威であるということの状況を利用して、中国は米国との関係改善を図るべきだ、と提言していました。

一九六七年一月から七月までの期間、いわゆる文革の造反派の行動によって、中国外交は混乱の極みに達していました。造反派とは、毛沢東の意を受けていろいろな行政部門を徹底的に破壊する使命を帯びた人々でしたが、彼らは最終的には外交部に乱入して組織を破壊するようになりました。当時国交のあった二〇カ国の大使は一人の例外を除いて全員が呼び戻されました。八月には、北京にある英国領事館が紅衛兵によって焼き討ちにされました。毛沢東はこのような混乱に対し強い怒りを示し、それに対処するために、その後外国の要人と接見するときに、必ず周恩来を同席させ、外交の責任者としての周恩来、という演出に努めたのです。周恩来は六八年から外交の全てを管轄するようになり、人々を呼び集めて外交部の組織・制度を回復させていきました。中国がニクソンの呼びかけに応えられたのも、周恩来が外交部を立て直していたことによります。

一九六九年一一月、米国は確かに中国と関係改善をしようとしている、という判断を中国はしました。米国が台湾海峡の巡察を止めたからです。関係改善への動きはこうして始まりますが、カンボジア情勢の悪化で七〇年五月に接触はいったん中断し、その後、米国がカンボジアでの軍事行動を停止したため、秋になって復活することになりました。米国との関係改善は、五月二六日に政治局会議で決定され、六月の中央工作会議をつうじて、多くの共産党中央委員、あるいは地方の省や直轄市・自治区の指導者レヴェルの人々に知らされることになりました。

一九七二年二月二一日から二八日までの一週間、ニクソンは北京と上海を訪問しました。最終日に上海で共同声明が出され、双方の意見の違いにもかかわらず、それを乗り超えて関係改善をする用意があるということが確認されました。そのためにこそ、上海コミュニケには敢えて違いが書かれました。このコミュニケの中で一番重要だったのは台湾問題です。複数の争点があることを、ニクソンが理解したことに中国側は満足しました。中国はひとつしかないということ、中華人民共和国政府が唯一の合法政府であるということ、さらに、台湾は中国の一部であるということ。ニクソンは、これらの問題で歩み寄る可能性を示しました。もっとも、米国は朝鮮戦争以来、台湾とずっと緊密な関係を築いてきたので、それを今、一瞬にして切り捨てるわけにはいきません。最終的に双方の意見の違い、特に台湾問題についての意見の違いをどのようにしてコミュニケに盛り込むかが重要でした。キッシンジャー補佐官が考えた文言ですが、台湾海峡両側の中国人が中国はただ一つであり台湾は中国の一部であると考えていることを米国は認識［acknowledge］する、という表現が使われました。中国人の問題であることを強調して米国をこの問題から切り離し、中華民国と中華人民共和国という言葉を敢えて書かないまま双方の共通認識のところを取り出して、中国人を主語にして結ぶ。中国と米国との公式の立場の違いを上手に迂回した名文であったとされています。中国と米国とには意見の違いが存在するが、その意見の違いを乗り超えて関係の改善を目指していくことを主旨としたこの上海コミュニケによって、米中関係は新しい段階を迎えたのでした。

第一一講　日中国交正常化

日中関係の改善について、国際環境の面から見ると、指摘すべきことが二点あります。ひとつは米中接近です。一九七一年七月から始まる米中関係改善という変動がなければ、日本は対中関係を大きく動かすことはできませんでした。もうひとつは、七一年一〇月の中国の国連代表権の回復です。この出来事は、同時に中華民国が国連の代表権を喪失したことを意味しました。日米が外交関係をもち、中国の代表政府とみなしてきた政権の正統性は大きく損なわれたのでした。

日中国交正常化は米中接近と同じ年に実現します。しかし、前者が広範な国民世論の後押しに支えられていたのに対し、後者は国際関係の力学を見据えたトップ・リーダーの戦略的判断の結果であり、そこには世論の影響はほとんど感じられません。前者の特徴は、日中国交正常化における田中角栄首相のリーダーシップの評価につながります。田中首相がいなくても国交正常化は可能だったのか、それとも田中のリーダーシップなくしてはありえなかったのか。対中政策は自民党総裁選の争点だったこともあり、後者の主張が合理的であるように見えます。少なくとも、総裁選の勝者が田中でなかった場合、同時期の国交正常化は不可能だったことが予想されます。

田中首相就任後、交渉が本格化するためには大きなハードルがありました。日米安全保障条約の扱い、賠償問題、そして台湾問題です。中国が日米安全保障条約を容認し、対日賠償を求めない方針を示したことから、交渉は初めて実現したのでした。交渉においては、戦争状態の終結、賠償請求権問題、台湾の法的地位、戦争責任の表現などさまざまな争点がありました。最初の三つの問題では、一九五二年の日華平和条約との整合性が焦点となりました。戦争状態の終結は不正常な状態の終結と本文には記述され、賠償については中国が「請求」を放棄するという表現で妥協が図られました。

知的で熾烈な交渉が必要とされたのは、台湾問題でした。中国政府の承認と台湾が中国の領土であることを宣言に盛り込むことを中国が求めたのに対し、日本はこの問題を二つに分けることに成功します。台湾の法的地位については、共同声明で「中華人民共和国政府は、台湾が中華人民共和国の領土の不可分の一部であることを再確認する。日本国政府は、この中華人民共和国の立場を十分理解し、かつ、これを尊重する」という表現をとることになったのです。この文言にしたがえば、日本側の理解では、日本は必ずしも台湾を中国の領土とは認めていない、ということになります。もっとも日中共同声明が、日本が政府承認の切り替えを行った文書であったことは疑いようがありません。それは明らかに、日中関係を規定する最も重要な文書であると言えるでしょう。

台湾との関係の取り扱いは、日中関係改善の要石でした。そして大平正芳も言ったとおり、日中復交は外交問題であるより、内政問題だったのです。いわゆる北京派はそもそも反岸信介という軸で結集し、他方、台湾派は池田勇人や田中に対抗する結集軸を形成していました。また、日本と中華民国との経済関係は極めて緊密でした。日中国交正常化という事業は、その正常化自体が難しい課題であっただけではなく、その正常化のためだけにしても、中華民国との関係断絶をソフト・ランディングさせるという困難な課題を同時に背負っていたのです。断絶後の台湾との関係の悪化は国内情勢に飛び火し、政権の正統性を奪いかねないばかりでなく、深刻な党内抗争を呼び起こす可能性を孕んでいました。実際、日中関係をめぐって、政権内部の抗争はその後も続いたのでした。

日中共同声明にはもうひとつ、「日中間の和解の文書」としての性格があります。両国の首相が署名した日中共同声明の前文第五段落には、つぎの有名な文言があります。「日本側は、過去において日本国が戦争をつうじて中国国民に重大な損害を与えたことについての責任を痛感し、深く反省する」。この文言を客観的に読めば、謝罪としては不十分な印象を受けます。深く反省する、は相手があっての行為ではなく、一方的な独白を想定させるからです。しかし、当時外相であった大平正芳の回顧によれば、この表現が当時、多くの台湾派を抱える自民党が受け入れられるギリギリの表現であり、大平の真摯な訴えに対して、外相の姫鵬飛や周恩来が、大平の誠情を信じたことが知られます。つまり中国側は、それを謝罪として受け入れたのでした。この表現は、したがって、中国側の譲歩によって成り立った日本による謝罪の表現だった、と理解することができるのです。

したがって、日本は文書で謝罪したことがない、と中国が主張するのは必ずしも正確な表現とは言えません。他方、この表現が謝罪として不十分なものであり、中国側の譲歩によって妥協できたものであることを日本側は忘れるべきではないでしょう。そのことを軽視するなら、それこそ、いっそう信義にもとる態度です。この表現が、七二年九月二五日の中国側歓迎晩餐会の田中スピーチの「ご迷惑＝麻煩」発言の訂正であるだけに、この点はなおさら銘記されるべきだと思います。

この謝罪の文言を含む日中共同声明は、日中間の和解の文書である、と言えると思います。両国の総理と外相が署名し、国交正常化を唱えたこの文書をおいて両国の和解の原点となる文書や儀式は他に存在しません。そして、その限りにおいて、この文書成立の交渉と署名のプロセスは、東京裁判やサンフランシスコ講和条約に類似する規範的意味をもつべきものであると考えられるのです。もとより、日中共同声明が、対等な外交交渉の結果であることは記憶されてよいでしょう。

この共同声明の性格ですが、ある国際法学者は、日中共同声明を、休戦協定と平和条約の中間に位置する「戦争終結宣言」と位置づけています。つまり、領土問題や戦前・戦後の法的問題が未だ十分煮詰まっていない段階で、早急に国交の樹立を必要とする場合に用いられるものとし、一九五六年の日ソ共同宣言との類似性を強調するのです（経塚作太郎）。この場合は、日中戦争の終了に関する日華平和条約の効力は、「中華民国の支配する地域」、つまり「台湾」にしか適用されておらず、中国本土（中華民国の支配の及ばない地域）との戦争終了は日中共同声明において初めて実現されたと考えられることになります。

日中国交正常化交渉の前面に立ったのは周恩来でした。しかし、重要なことは、周の地位が決して安定したものではなく、常に四人組との抗争の渦中にあったということです。毛沢東の庇護下にありながら毛から一定の自立性をもったこのグループの陰湿で悪辣な横やりを、ぶれの激しい毛沢東の指示を楯にしながら封じていくという綱渡りを、周恩来はしなければなりませんでした。それは癌の進行に耐えながらの孤独なプロセスだったのです。

第一二講　この時期の中国内政Ⅲ：毛の死と文革との決別

一九六九年四月の第九回党大会は林彪のための大会でした。彼はここでただ一人の党副主席となり、毛沢東の後継者としての地位を手に入れたのです。しかし、林彪の隆盛もここまででした。七〇年八月二三日から九月六日にかけて開かれた第九期二中全会で、つぎの憲法改正で国家主席のポストをどうするかをめぐって、林彪と毛沢東との間に亀裂が生じます。この会議も廬山会議と通称されます。その翌年、七一年九月一三日、米中接近の最中、林彪は飛行機事故で亡くなります。この事件の真相は謎です。林彪は後継者としての地位を固めるために国家主席のポストを欲したという説明は多くなされますが、この論理は少々安直にすぎないでしょうか。実際に国家主席の地位についていた劉少奇ですら打倒されてしまいました。林彪はこのポストを恐れたりはしなかったのでしょうか。林彪の死の真相はともあれ、自らの引き立てた林彪の裏切りと死は、毛沢東にとって間違いなく痛手でした。それは文革の否定にもつながる意味をもったのです。

主治医だった李志綏博士は、毛沢東の健康状態について「林彪事件以後は肉体的なおとろえが劇的に目立った」（李志綏・下、三一七頁）としています。したがって、米国との関係改善こそは毛沢東にとって、ますます喫緊の課題になっていました。また、自分の手で失脚させた幹部の復活に取り組むようになります。それは七三年八月の第一〇回党大会の人事においてとりわけ顕著でした。

鄧小平の復活もこうした流れの一部であると同時に、癌に冒された周恩来の代わりという意味もありました。七三年一二月、鄧小平は政治局員、軍事委員会委員、総参謀長として復活し、政治局を主宰しさえしました。右記の第一〇回党大会では五人の党副主席の一人に王洪文が就きます。序列三位への抜擢でした。「四人組」はこのときに成立します。米中関係改善に最も功績のあった周恩来をターゲットに行われた「批林批孔」運動を支持した毛沢東は、やはり不誠実と言うべきでしょう。しかし四人組の主導するこの運動に大衆はもう踊らされはしませんでした。この時期、毛沢東の肉体的健康の衰えは、例えば死の一年前に撮られた金日成との面会時の映像を見ても明らかです。この時期以降、毛遠新や、王海容、唐聞生、張玉鳳といった側用人が跋扈することになります。七四年七月には、毛沢東の死期さえ取りざたされましたが、頭は最後までしっかりしていたという証言もあります。もっとも十分に正確な情報に接することができたかと言えば疑問に思われます。

一九七五年一月、鄧小平は一二人いる副総理筆頭の第一副総理に昇格しますが、一九七六年四月の第一次天安門事件で、再度失脚します。しかし、それに先だって二月に華国鋒が総理代行に指名された際にも、外交だけはなお鄧小平が主管していました。鄧小平の復活は、高文謙の言うとおり、周恩来の意図によるという通説と違って、毛沢東の意思だったことが知れます（高文謙・上、一八〇～一八一頁）。本来、鄧小平は毛沢東の直系でしたが、四人組が居丈高に取り仕切る環境が、鄧小平を周恩来に近づけていくことになります。これは毛沢東の誤算でした。

毛沢東の最期は静かに訪れました。死がいつ訪れるのか、混乱を収拾する側にはある程度の準備期間があったように思われます。毛沢東の死後、華国鋒や葉剣英の動きは素早いものでした。一九七六年一〇月六日の晩、四人組の逮捕劇が遂行されます。歴史的に見れば、文革擁護・毛沢東追従の華国鋒の限界は明らかで、数年後の失脚は当然すぎるほどですが、他方、四人組逮捕の功績には重いものがあります。少なくとも、この時点での華国鋒は、命がけで文革左派の排除＝毛主席夫人らの逮捕に踏み切ったのです。歴史はしばらくの期間、彼を必要としました。いきなり鄧小平の復権はありえませんでした。また、華は結局、鄧小平の復権も認めました。そして最後まで文革を自己否定しませんでした。七六年の毛沢東の死から八二年の新憲法制定までは長い過渡期でした。毛沢東の死後、鄧小平の復権までには一年弱の時間がありました。鄧小平が復活するのは、七七年七月、一〇期三中全会のときです。そして、八月一二日から一八日まで開かれた第一一回党大会で中央軍事委員会に開明的な人物が多く復権したことが時代の変貌を象徴していました。同年の一〇月から一二月にかけて、胡耀邦が党学校の副校長と中央組織部長に就任し、やがて、胡耀邦は鄧小平の意を受けて「実践は真理を検証する唯一の基準である」という共同論文の完成を指導します。いわゆる「真理の基準論争」の開始です。偉大な転換点と後に総括される一一期三中全会（一九七八年一二月一八～二二日）ですが、この会議はたったの五日間しか開かれていません。重要な決戦の場は、それに先だって開かれた中央工作会議（一九七八年一一月一〇日～一二月一五日）でした。華国鋒は一二月三日の時点で自己批判をしており、鄧小平を推す声は、すでにこの時点で多数派を形成していたのです。八〇年二月になると劉少奇の名誉回復がなされます。こうした一連の名誉回復に決定的な役割を果たしたのは党組織部長だった胡耀邦でした。こうして文革支持勢力の影響力を少しずつ削ぐ形で、脱文革・鄧小平路線は定着していきました。やがて、政権は四人組裁判（八〇年一一月～八一年一月）を行うことになります。文革そのものを法廷にあげることは、文革受益派であった華国鋒たち文革右派に対するとどめでした。もっとも、鄧小平時代の特色と言えることのひとつは、粛清がなくなったことです。華国鋒は党主席から末席の副主席に追われ、さらに中央委員にまで降格されましたが、死ぬまで中央委員会委員の身分を保証され、元党主席の礼遇を受けました。四人組は死刑を含む重い判決を受けましたが誰も処刑されてはいません。八一年六月の歴史決議は毛沢東を断罪し、文革の責任を彼に求めました。しかし、あくまで、功績を第一とし、誤りを第二としました。これはスターリン批判に学んだものと言われています。

毛沢東について多くの隠された真実が語れるようになっても、その写真がタクシー運転手のお守りになるなど、毛沢東に対する敬意は大衆のレヴェルでは決して弱まっていません。大躍進で二〇〇〇万人の死者を出し、文革の一〇年の責任が明らかになって、なお、そうなのです。毛沢東こそは中国人にとって、「自力更生」の象徴であり、強さの証しなのでしょうか。汲めども尽きないかに見える中国人の毛沢東に対する心情の理解こそが、中国理解のひとつの鍵なのでしょう。

歴史決議をへて、中国はやっと公然と文革と毛沢東から離れ、改革開放に踏み出すことができました。文革後の六年間が過渡期である所以です。文革色を全く排除した党規約改正と一九八二年憲法の制定は、新しい時代の到来を告げるものだったと言えるでしょう。

第一三講　米中国交樹立

一九七一年から七二年にかけての米中関係正常化の後、米中関係の発展はいったん停滞し、国交が樹立されるのは、七九年になってのことでした。その理由は一般に、ウォーターゲート事件にともなうニクソンの退陣に求められます。しかし、実は中国側の事情も大きく影響していたのです。しかも、それは毛沢東死後の混乱よりも、毛沢東の生前にその原因がありました。

米国は一九七三年三月にヴェトナムから撤退を始めます。こうして米中間ではさらなる関係改善に動き出す条件が整いましたが、その過程で毛沢東と周恩来の間に確執が生じていきました。そもそも国際問題について、最終決定者たる毛沢東はグローバルに見、周恩来は政治局の決定にしたがって二国間関係で考えるという役割分担がありました。七三年六月、ソ連の首脳部が米国に行きミサイルや核兵器についての条約を締結します。周恩来と外交部は、米国がソ連と緊張緩和の措置をとったことを批判しましたが、毛沢東はこの批判に不満でした。自分は、米国とソ連との矛盾は非常に大きい、と認識しているが、外交部や周恩来が出した文書は、米国とソ連が近づこうと結託しており矛盾は小さいという立場をとっている、というのです。毛沢東の強い不満を受けて、周恩来は自己批判をしましたが、毛沢東の怒りは収まらず、外交部は修正主義だと言いだす始末でした。

一九七三年一一月一二日から一四日にかけて三日間、キッシンジャーが北京を訪問します。初日に毛沢東と会談し、残りの二日間は周恩来と会談しました。周恩来は実務家ですから、具体的な話をします。周恩来は、軍事技術をアメリカから得たいという話と、将来、台湾からの兵力の撤退をきちんと履行して欲しいということをキッシンジャーに伝達しました。この周恩来とキッシンジャーとの会談内容は後で毛沢東に報告されますが、毛沢東は会談内容に不満で、周恩来が米国に対して機会主義だと批判しました。要するに、周恩来が戦略問題を軽視し、地域的な問題に終始したことが気に障ったのです。これは観点の対立というより、周恩来に対する言い掛かりと言えるかも知れません。その背景には、自分が権威を失っていくことに対する恐れがあったのでしょうか。

一一月一七日、毛沢東が直接周恩来を批判した日の夜、周恩来は政治局会議を主宰しました。この会議の後、一一月末から一二月初にかけて、もう一度、周恩来批判を目的にした政治局会議が開かれました。江青は、周恩来は毛沢東の権力を奪おうとしている、という趣旨の発言までしました。さらに、一二月中旬にもう一度政治局会議が開かれ、この時には毛沢東も出席しました。毛沢東はこの場で、今後この種の会議は周恩来ではなく鄧小平が主宰する、という決定を下しました。つまり、外交は鄧小平に任せるという決定でした。周恩来は六八年以来再掌握していた外交の権限を奪われたのです。七三年一二月以降、中国外交は鄧小平が主管することになりました。

周恩来が外交の最前線から外されると、その後は停滞した時期になりました。米国でウォーターゲート事件が発生し、一九七四年八月にはニクソンが辞任します。フォード副大統領が大統領に昇格しますが、政権基盤の弱体化は明らかでした。他方、ソ連に対する方針をめぐって、毛沢東の態度が強硬になり、中国の姿勢も頑なものとなりました。毛沢東の意を受けたと思われる過激な文革派が極めて不合理な提案をあれこれ持ち出すようになり、中国側も実質的な外交ができない状況に陥りました。特に台湾問題については、国交断絶、相互防衛条約破棄、米軍撤退という三大要求を米国に示し、解決からほど遠い状況になってしまいました。七五年にフォード大統領が訪中しますが、米中関係は当面先へは進めない、ということだけを確認したに等しい状態でした。こうして停滞は七四年から七七年まで続くこととなったのです（七六年四月から翌年七月まで鄧小平は失脚）。

一九七八年一二月以降の改革開放では、経済発展と近代化が国家戦略となりました。そのために中国は安定した国際環境を必要としました。他方、ソ連の脅威は依然として存在するので、米国との関係を改善し、軍事費を減らせる環境を創出する必要がありました。こうして見ると、七八年の関係改善の目的は、七二年とは大きく異なっています。七二年にはあくまで、ソ連の脅威にどう対抗するかというレヴェルで関係改善が模索されましたが、七八年になるとソ連への対抗は言われるものの、それは第一の理由ではなくなり、経済成長と近代化という重要な国策を前提に対ソ政策が語られ、対米関係の改善が模索されています。また、七八年五月になると、カーター大統領の対ソ融和アプローチが失敗に陥り、米国の姿勢も大きく変わりました。多くのメディアがカーター外交を批判し、カーターは中国との関係改善を考えるようになりました。七八年五月には、国家安全保障担当大統領補佐官ブレジンスキーが中国を訪問し、一〇月には、ワシントンにある北京の代表事務所を訪ねました。そこで、今から三カ月の期間を利用して打開を図らなければ、米国の政治情勢と国際環境から、米中関係はかなり長い間進展できないだろうという問題提起を行ったのでした。

最終局面では、鄧小平が北京にある米国代表所所長と交渉しました。一九七八年一二月一三日から一五日にかけてのことです。この場で、三つの問題が話し合われました。米華相互防衛協定について、一年以内、つまり協定の満期をもって終了するというのが米国の希望でしたが、最終的には米軍が四カ月以内に撤退し、そのことを台湾側に通知するという表現で妥結が図られました。台湾問題では、米国は台湾が平和的に解放されることを希望し、中国は台湾は中国の内政問題であることを書き加えました。台湾が中国の内政問題であるとの表現は、中国にとっては絶対に譲れないものでした。最も紛糾したのが台湾への武器売却問題です。国交正常化以降、一年以内は武器を売らないことでは合意し、その後について意見対立が生じましたが、この問題も克服されました。

こうして三つの問題をクリアし、七九年一月、米中の国交は正常化されました。それに先立って、七八年一二月に国交正常化コミュニケが公表されました。鄧小平は上海コミュニケを継承してここに反覇権条項を盛り込むことを求め、実現させました。こうして、三〇年以上にわたった米国と中国の間に国交のない時代は終了することになったのです。

もっとも、七九年三月になると米国議会は台湾関係法を採択します。台湾の平和的解放を求め、台湾の防衛に必要な武器売却を規定したこの法律に中国政府は抗議しましたが、カーター大統領は拒否権を行使せず、四月にこの法案に署名しました。中国はこの時敢えてこの問題を大きくしませんでしたが、レーガン時代になると再燃することになりました。

第一四講　中ソ関係正常化

中ソ関係が正常化に向かう一〇年間は、三つの段階に分けられます。第一段階は一九七九年四月から八二年夏まで、第二段階は八二年八月から八五年六月までであり、第三段階は八五年初夏から八九年五月のゴルバチョフ書記長訪中まででした。ゴルバチョフの北京訪問はちょうど天安門事件直前の混乱の最中でしたが、関係正常化は滞りなく実現されました。中ソ関係の正常化プロセスは段階分けがはっきりしており、それは対外政策全般の調整に沿って進められたことによります。

第一段階は実際には一九七八年から始まり七九年になると具体的な動きが始まります。その背景は、五〇年二月に結ばれた中ソ友好同盟相互援助条約が、三〇年の条約期間を終えて八〇年四月一〇日に失効する予定だったことにあります。七九年四月一日から三日まで開かれた第五期全国人民代表大会第七回会議では、中ソ友好同盟相互援助条約を延長しないという決議が最終日に採択されました。ソ連は条約の継続を望んでいたので、この決議には反発しました。けれども、同じ四月三日に中国の黄華外相は、新しい関係のための交渉をソ連に提案しています。したがって、七九年四月は中ソ関係が正常化に向かう大きな転換点となったのでした。ソ連のアフガニスタン侵攻で中ソ交渉はいったん中断しましたが、一九八二年三月二四日にブレジネフ書記長がタシケントで行った演説が状況を変えました。この演説でソ連は中国批判もしましたが、関係改善のための三つの建設的な考えを示したのです。タシケント提案の第一は、ソ連は中国に対して全く領土要求をもっていないし、中国への進攻の意図もないということ。第二は、ソ連は中国の原則的な立場に異議を唱えたことは一度もないということであり、これは台湾問題を意味しました。第三は、こうした基礎のもとにソ連は中国との関係改善を望む、というものでした。ブレジネフの提案は、中国指導部の注目を集め、協議され、簡単ながら積極的な対応が検討されることになりました。

一九八一年一月二〇日、米国でレーガン政権が成立します。レーガン大統領の対台湾姿勢は、中国の譲歩点である台湾関係法の立場すら超えて後退する可能性をもっていました。レーガン大統領の登場によって、米中関係は、予想だにしなかった膠着状態に陥ることになったのです。こうした米中関係の動揺を見据えて初めて、ブレジネフ提案の真の狙いが読めます。タシケント提案がなされたとき、米国による台湾への武器売却問題はすでに浮上していました。つまり、ソ連は台湾問題に関する中国の原則に反したことはいまだかつて一度もない、という主張は、台湾問題をめぐって中国と米国との関係が悪化している瞬間を見越して入れ込んだものと理解されるのです。

もっとも、ソ連との関係改善が中国にとって米国を牽制する一時的な意味しかもっていなかったわけではありません。中国は世界情勢について広範な再検討を行っており、ソ連との関係改善はこれにもとづいた戦略転換を背景にもつものでした。再検討が行われたのは、一九八一年初めのことでした。八一年一月から二月にかけて、中国の最高指導層は少なくとも四回の政治局会議を開き、世界情勢に対して根本的な再検討を行いました。中国指導部は、国際情勢はそれほど緊迫しておらず世界戦争の可能性は低いという結論を出し、この判断をもとに外交政策を立案することになりました。そこではソ連の軍事力に対する評価が高すぎたという反省もなされたのです。八一年初めには、こうした国際情勢認識の転換を背景としてソ連との交渉を進めていくという結論が、単に技術的なレヴェルではなく、中国の長期戦略レヴェルから出されることになりました。ただし中ソ関係を改善させるための交渉は八二年八月にまで持ち越されました。その理由は、まず米国との間で台湾への武器売却の問題を解決し、その後に対処することになったためです。

一九八二年七月から八月にかけて、鄧小平は多くの指導者たちと会って共通認識を形成していきました。その際、焦点となった問題に、安全保障上のソ連の脅威があり、具体的には、三大障害の除去という課題が明確化されました。第一に、ソ連が中ソ国境もしくは、中国・モンゴル国境から兵力を引き離すこと。第二に、アフガニスタンから撤兵すること。第三に、ヴェトナムを説得してカンボジアからヴェトナム軍を撤退させること。この三つは中国から提示された関係改善のための条件でした。中国にとって一番大事なことは、内戦状態にあったカンボジアから、プノンペン政権を支えるヴェトナム軍が撤退することでした。これは周辺地域の安定だけでなく中国の国際的な威信にもつながる問題でした。正確には、ここからが第二段階です。中国からの特使派遣によって、この条件はソ連側に伝えられ、前向きの回答があったことから、この年九月に開かれた中国共産党第一二回党大会では、中ソ関係の正常化が党大会の政治報告のなかに盛られることになりました。その背景には米中関係の進展があり、八月一七日に「武器売却コミュニケ」が出されたのでした。

第一二回党大会で、ソ連と関係改善するという方針が出ますが、中ソ関係改善の流れは全体的には停滞したものでした。それは第一に、鄧小平自身がソ連からは得るものはないので急ぐ必要はないという立場に立っていたこと。第二に、ソ連側にとってはヴェトナム軍のカンボジアからの撤退が一番譲歩し辛い問題であったこと。第三に、鄧小平はやはり米国との関係改善を先行させるという原則にこだわったことがあげられます。また、八二年から八五年のソ連政治・外交は極めて不透明な時期にあたっていました。

やがて、第三段階が始まります。一九八六年二月になると、第二七回ソヴィエト共産党大会が開かれ、そこでゴルバチョフは改めて党の書記長に任命され、彼の権力は非常に強いものとなりました。これを受けて七月二八日、ウラジオストク演説が行われ、中国に対して積極的かつ実務的に関係の改善が呼びかけられました。もっとも急転直下で交渉が妥結したわけではありません。交渉にはなお二年半の期間を要し、八九年二月にシュワルナゼ外相が中国を訪問した際に、双方の外相会談で合意が図られてコミュニケが出されました。このコミュニケはつぎの三つのことを確認しました。一つ目は、カンボジア問題をなるべく早く解決する、ということ。二つ目は、ヴェトナム軍の撤退。つまり、ヴェトナム軍のカンボジアからの撤退を八九年九月までに実現する、ということ。三つ目は、八九年五月にゴルバチョフが中国を訪問するという内容でした。こうした長いプロセスをへて、ゴルバチョフは中国を訪問しました。鄧小平との歴史的な首脳会談は五月一六日午前に行われ、このとき、双方の指導者によって二〇年ぶりの関係正常化が実現されたのでした。

第一五講　この時期の中国内政Ⅳ：「第一三回党大会」の夢

第一二回党大会をへて、共産党は改革開放に邁進していくことになりました。しかし、改革開放路線の一枚岩は長くは続きませんでした。改革の程度と速度をめぐって、党内には亀裂が生じ、それはしばしば、改革派対保守派の対立と表現されました。経済成長はコンセンサスでしたが、共産党自身がどこまで変化を容認できるのか、この点をめぐって党内は大きく揺れることになります。特に長老たちは、共産党の自己否定につながりかねない改革に対しては強く抵抗しました。

鄧小平の経済改革は、農業の面では生産請負制の導入として現れ、一九八四年以降は工業の改革に移っていきました。今日の経済的繁栄につながる大改革でした。鄧のもうひとつの功績は、厳格な定年制を実施し、老人支配に終止符を打ったことです。党規律審査［紀律検査］委員会という養老院を作り、第一三回党大会では、自分の首と引き替えに多くの長老幹部の引退を実現させました。

一九八六年一二月、一向に進まない政治改革にしびれを切らした学生や市民たちは、北京・上海などの大都市で大規模なデモを行いました。これを容認する姿勢を見せた党総書記胡耀邦は鄧小平と長老の圧力により失脚し、胡耀邦は悲劇のヒーローとなりました。その彼の急死は、大きな波紋となりました。胡耀邦の亡くなった八九年四月一五日以降、天安門は学生デモの中心地となっていきます。この「五月学潮」は歴史的な中ソ関係改善をも巻き込みました。五月一六日、午前に鄧小平との会談を終えたゴルバチョフ書記長は、同日午後、中国共産党総書記趙紫陽と会談しました。改革派のホープ趙紫陽は、名目上は最高ポストに就いていましたが、六人いる政治局常務委員会では保守派が多数を占めており彼が行使できる権力は限られていました。ゴルバチョフとの会談で、趙紫陽は「鄧小平同志は引退したが、われわれは依然として、重要な問題については鄧小平同志の指導を仰いでいる」という、一三期一中全会の秘密決定をリークします。それは世界中のメディアに対して自分の境涯を吐露したもので、いわば趙紫陽の最後の闘争でした。翌日の人民日報には「鄧小平が舵をとっている」という見出しが踊ります。天安門広場は一〇〇万人の群衆で埋まり、大学キャンパスの掲示板には若手党員による脱党宣言が舞いました。しかし、趙紫陽はこの勝負の帰趨を覆すことはできませんでした。天安門事件の背後にあったのは、改革の方向・速度をめぐる改革派と保守派との熾烈な権力闘争でした。一三期四中全会はそのまま開会されれば改革派が多数派を形成したかも知れません。だからこそ保守派はわずか数百人しか学生の残っていなかった天安門広場に解放軍を投入し、政治力を見せつける必要があったのでしょう。八七年秋の第一三回党大会は、党政分離を含む大胆な政治改革案を多く打ち出し、共産党史上、最も民主的な党大会でしたが、この時の提案事項はほとんどすべて、天安門事件によって白紙に戻ることになりました。

この事件の後、党総書記に就任したのは、上海市共産党書記の江沢民でした。江沢民は保守派の顔色をうかがうことに努め、当初、李鵬首相と手を組むことでかろうじて政権を維持している状態でした。保守派は計画経済論者の陳雲を表に立てて対抗しました。上辺だけ見れば鄧小平と陳雲の対決にすら見えたはずです。鄧小平は経済政策では筋金入りの改革派でした。江沢民の煮え切らない態度にしびれをきらせた鄧小平は、孤独な闘いを展開しました。世に言う南方視察です。この視察を党中央は黙殺しようとしましたが、楊尚昆や喬石の支持を得て、大勢は動き始めました。一九九二年二月、鄧小平の「南巡講話」は中共中央の第二号文件となり、最終的には九三年一一月一四日、一四期三中全会で「社会主義市場経済体制確立の若干の問題に関する中共中央の決定」が採択され、「社会主義市場経済」はオーソドキシーとなり、計画経済体制の終焉を迎えたのでした。

江沢民時代の始まりを問うことは、鄧小平時代の終わりを答えることと同じです。一九九四年春節には鄧小平は判断力を低下させつつあったとされ、この年九月の一四期四中全会は江沢民が自分だけの判断で取り仕切りました。鄧小平はすでに最終決定者ではなくなっていたのです。そのことは、新華社が一〇月に流した文書に「第二世代中央指導グループと第三世代指導グループの引継を完了した」というくだりがあることからわかります。客観的に見れば、江沢民が傑出したリーダーであったかどうかについては疑問が残りますが、同情の余地もないではありません。彼が異例の抜擢をされて総書記になり中央政治局を率いたとき、部下である二〇人からの政治局員の多くは彼より経歴が上でした。中央での仕事の経験は短く、人脈も太くはありません。鄧小平も、万全の信頼をもって彼を迎えた訳ではなく、いつ見放されるかもわかりませんでした。党中央は八老治国と言われた保守派の長老の影響下にありました。対国民・知識人では、天安門事件で共産党はすっかり威信を失い、東欧の変革とソ連の消滅で、社会主義そのものの正統性さえ揺らいでしまっていました。江沢民が依拠できたのは「愛国」だけでした。社会主義の本来の志向はインターナショナリズムであり、ナショナリズムの強調そのものが諸刃の剣でしたが、彼には選択肢がありませんでした。愛国主義教育はこんな環境で選ばれたのです。愛国は必ずしも反日を目的にしてはいませんでしたが、過剰な愛国主義教育の結果、反日的な空気が醸成されたことは事実でしょう。また賠償問題での論点のすり替えや、日本は文書で謝罪をしたことがないという主張など、この政権の対応に多くの粗忽な手法があったことは否めません。しかし、日本が戦争責任の問題に誠実に対処してこなかった面もあることは同時に認めるべきでしょう。江沢民政権の末期と小泉政権がオーヴァーラップしたことで、日中関係は極限までこじれることになりました。愛国主義教育に加え、江沢民はともかくパートナーを巧みに組み替えながら政権を維持したのでした。

江沢民政権では、朱鎔基首相の辣腕が高く評価されます。一九九四年の分税制改革の実施は、強いマクロコントロール能力を中央政府に付与しましたが、この改革は朱鎔基のリーダーシップなしには不可能でした。朱鎔基の人気に、上海時代から江沢民は嫉妬し続けたとも言われます。

一九八八年の憲法改正で私有経済が認められ土地の使用権は売買の対象となりました。九三年には社会主義市場経済が公式イデオロギーとなり計画経済との決別が計られました。九七年九月の第一五回党大会をへて、公有制も労働に応じた分配も、現代中国にとって遵守すべき前提ではなくなりました。こうして株式制も党によって公認されたのです。江沢民の一連の政策は、「三つの代表」にまとめられ、党のオーソドキシーとなりました。

第一六講　ポスト冷戦期の中国外交：対中央アジア、ロシア、インド、ASEAN関係

ポスト冷戦期の中国外交は、「二八字方針」によって表現されます。この方針は、天安門事件後、中国が西側からの経済制裁に直面し、ソ連の解体や東欧における共産主義の崩壊の影響に対処していた時期に、鄧小平が提起したとされています。それは、つぎの七つの成句から構成されています。「冷静観察」、（事態の推移を）冷静に観察し分析する。「穏住陣脚」、（われわれ自身の）立場を確保する。「沈着応付」、自信をもって（変化に）対処する。「韜光養晦」、（われわれの）能力を隠す。「善於守拙」、低姿勢を維持することに長ける。「決不当頭」、決して指導者にはならない。「有所作為」、何らかの貢献をする。この戦略は「四不両超」とも要約されてきましたが、その内容は以下のとおりです。「不扛旗」、（社会主義の）旗を掲げてはならない。社会主義陣営のリーダーであった旧ソ連の役割を、中国は担おうとすべきではない。「不当頭」、指導者になってはならない。中国はまた、第三世界のリーダーにもなるべきではない。「不対抗」、中国は西側陣営と対抗するべきではない。「不樹敵」、中国は他国（例えば東欧）の内政に、それが社会主義から離反するか否かにかかわらず干渉すべきではない。「超越意識形態因素」、イデオロギー的な考慮を超えていく。「超脱」、具体的出来事から脱する（すなわち論争を避けるようにする）。これらを総合して鄧小平の外交政策は「韜光養晦」政策と呼ばれ、脱冷戦期中国外交の戦略性の表現ともされてきました。他方、それは戦略というほどの

ものではなく、特定の時代背景を前提とした「外交姿勢」あるいは「問題処理原則」にすぎないという理解も存在します。中国外交は、ますます世界化しつつあり、その全容を限られたスペースで紹介することは不可能です。ここでは最後に、脱冷戦期中国の対中央アジア、ロシア、インド、ASEAN関係についてのみ簡単に紹介することとします。

上海ファイブは一九九六年にロシア、中国に加え、カザフスタン、クルグズスタン（キルギス）、タジキスタンの中央アジア三カ国による第一回首脳会議が開かれたことに始まりますが、その起源は、八八年から次官レヴェルで開始された中ソ間の国境画定交渉にあります。東部国境画定協定が九一年五月に調印されたのに対し、西部国境の交渉は同年のソ連崩壊で破綻する可能性もありましたが、九二年以降ロシア、中国と中央アジア三カ国の間で進めることが合意され、信頼醸成措置に関する協議とあわせて定期的な首脳交流である上海ファイブに発展していきました。そこではイスラム過激派に対するテロ対策での協力なども協議されました。二〇〇〇年七月の第五回首脳会談では、江沢民・プーチンの初の首脳会談も行われ、「ドゥシャンベ宣言」が採択され、〇一年の第六回首脳会議では、ウズベキスタンの正式参加を得て、上海協力機構（ＳＣＯ）への格上げが決定されました。安全保障面では、カザフスタン、クルグズスタン、タジキスタンの三カ国が独立国家共同体（ＣＩＳ）に好意的なのに対し、ウズベキスタンはＣＩＳに距離をとっていることが特徴です。

中ロ関係は、一九九七年に大きく前進しました。四月二三日にモスクワでもたれた首脳会談では、「世界の多極化と国際新秩序に関する共同宣言」に調印し、米国の一極支配構造を牽制しました。〇一年七月一六日には、八〇年に失効した中ソ友好同盟相互援助条約に代わるものとして中ロ善隣友好協力条約が調印されています。中ロの関係は地域的な安定を維持するための協力については強い一致があり、例えばＳＣＯをつうじた中央アジアの安定の維持やテロ勢力との闘いについて、両者は力強い結束をみせています。他方、グローバルな戦略レヴェルにおいては、それぞれの国益が基本となり、対米牽制のような協調行動がとられるのも利害が一致する場合に限られます。

国境紛争後の中印関係は、一九七六年に大使級の外交関係樹立で合意、同年中に双方の大使が着任し一定の関係正常化がなされました。八八年一二月のラジブ・ガンジー首相の訪中によって、関係改善は不可逆的な動きになっていきます。九八年のインド核実験の影響もあり関係改善の歩みはときに速度を緩めましたが、二〇〇二年一月朱鎔基首相訪印、〇三年四月フェルナンデス国防相の訪中を受けて、〇三年六月バジパイ首相が訪中し、国境問題解決のための特別代表の指名、国防部門の理解と信頼の深化、反テロ・経済・貿易・環境などの分野での協力に合意し、六月二三日「包括協力宣言」に調印しました。チベットが中国の領土の一部であることをインドが初めてこの合意で認めた、と中国側は主張しますが、インドは自らの立場は変わっていないとしています。

南沙（スプラトリー）諸島をめぐる一九八八年三月の中国とヴェトナムの軍事衝突は、一面では七九年の中越戦争の延長線上で見ることができ、他面では中国海軍の南進の意図を示したものだとも考えられます。九〇年代になると、中越間の係争点を含む南沙諸島での対立は、米ソの撤退後の軍事的空白に対処するという安全保障面の考慮に加えて、海底資源をめぐる思惑を背景にしたものになりました。南沙諸島は豊富な海底資源に恵まれているがゆえに、中国、ヴェトナム、マレーシア、フィリピン、ブルネイ、台湾など周辺六カ国・地域がその領有を宣言、冷戦の終結にともなって各国の利害が交錯、表面化する場となっています。中国は九二年二月に「領海及び接続水域法」を制定し南シナ海全域を自国領とみなし、主権侵害に対しては関係機関が法的措置をとることも含めた強硬な立場を鮮明にしました。これに対しＡＳＥＡＮは、同年七月に南シナ海の主権問題を武力に訴えず平和的に解決することを求める「南シナ海宣言」を発表して中国を牽制しています。また九三年七月のＡＳＥＡＮ地域フォーラムの設置決定も、南シナ海問題に関して中国を多国間協議の場に引き出そうというＡＳＥＡＮ側の思惑と関連したものです。二〇〇〇年一月から米比間で大規模な合同軍事演習が再開されましたが、ここには中国に対抗しようというフィリピンの思惑と、米国の対中牽制の意図を見ることも可能です。もっとも、米国は他国の領土紛争にはかかわらない立場であり、その関与は航行の自由の確保に限定されています。ＡＳＥＡＮと中国は〇二年一一月の首脳会議で「南シナ海行動宣言」に調印しましたが、法的拘束力はありません。ＡＳＥＡＮ諸国が足並みの乱れと各国それぞれの思惑から中国に対して実効性のある対応ができない一方で、中国の立場と政策は明瞭です。中国は南シナ海に対する自己の主権を前提としたうえで、係争点は二国間協議で解決するという原則を崩さず、航行の自由の原則を維持することで米国の干渉を封じ込め、圧倒的な海軍力を背景に占有地の実効支配を確実に進行させていると言うことができます。

「韜光養晦」が中国外交の不変の戦略原則なのか、それともすでに放棄されているのか。議論は続いてきましたが、現実の変化は後者の見解を支持しつつあるのかも知れません。

むすびにかえて

本書の三講、四講、七講、八講、九講、一〇講は牛軍教授（北京大学国際関係学院）の『冷戦期中国外交の政策決定』（真水訳：千倉書房、二〇〇七）の精華に多くを依拠しています。五講、一三講、一四講は、同教授のその他の業績を下敷きにしています。

その他、主に以下の著作を参考とさせて頂きました。高文謙『周恩来秘録（上・下）』文藝春秋、二〇〇七：産経取材班『毛沢東秘録（上・下）』産経新聞社、一九九九：李志綏『毛沢東の私生活（上・下）』文藝春秋、一九九四：J・R・リリー『チャイナハンズ』草思社、二〇〇六：（特に六講）加々美光行『歴史のなかの中国文化大革命』岩波現代文庫、二〇〇一：（以下特に一二講と一五講）馬立誠他『交鋒』中央公論新社、一九九九：上村幸治『中国　権力核心』文藝春秋、二〇〇〇：清水美和『中国はなぜ「反日」になったか』文春新書、二〇〇三。また、一二講には新潟大学法学部二〇一〇年度卒論に啓発された部分があります。もとより、全体の構成は筆者の構想によります。

上述のように本書の外交関連部分は牛軍教授の所説の影響を色濃く受けたものとなっています。本来は、オリジナルな部分が多くを占める予定だったものが、筆者のスケジュール管理の未熟さから、このような形になったことには無念の思いがあります。ただ、中国外交について安価で簡便なテキストがない現状において、本書が多少の役に立つことがあればと願わずにはいられません。

■執筆者紹介

真水　康樹（ますい・やすき）

1959年東京生まれ

中央大学法学部卒業

北京大学歴史学部大学院博士課程修了（1995年）　歴史学博士

現在　新潟大学法学部教授　北京大学国際関係学院客員教授

　　　北京大学東北アジア研究所客員研究員

専攻　中国政治　中国史

主要業績　単著『明清地方行政制度研究』（北京燕山出版社、1997年）

　　　　　　　『中国周縁の国際環境』（新潟日報事業社、2007年）

　　　　　共著『政治と行政のポイエーシス』（未来社、1996年）

　　　　　　　『中国的発展与21世紀的国際格局』（中国社会科学出版社、1998年）

　　　　　訳書　牛軍『冷戦期中国外交の政策決定』（千倉書房、2007年）

　　　　　共訳　A. コーン『競争社会をこえて』（法政大学出版局、1994年）

　　　　　　　趙全勝『中国外交政策の研究』（法政大学出版局、2007年）

ブックレット新潟大学57　外交から読み解く中国政治
――中国外交における権力核と政策決定――

2011年11月15日　初版第1刷発行

編　者――新潟大学大学院現代社会文化研究科
　　　　　ブックレット新潟大学編集委員会

著　者――真水　康樹

発行者――五十嵐敏雄

発行所――新潟日報事業社

〒951-8131　新潟市中央区白山浦2-645-54

TEL　025-233-2100　　FAX　025-230-1833

http://www.nnj-net.co.jp

印刷・製本――新高速印刷㈱

　ISBN978-4-86132-475-8

「ブックレット新潟大学」刊行にあたって

新潟大学大学院現代社会文化研究科が「ブックレット新潟大学」の刊行を開始したのは、二〇〇二年という、二一世紀に入って、まだ間もないときです。

二〇世紀は、科学技術が目覚ましい発展を遂げた世紀でした。われわれもその恩恵にあずかって、今日に至っています。同時に、最先端の科学や技術が戦争の道具となり、人類が築いてきたものを、瞬時に破壊する手段となりうる危険を味わったのも二〇世紀でした。二〇世紀の最大の悲劇は、多様性を排除する原理主義的傾向が極まったところにあるといえるでしょう。もともと近代化はヨーロッパ社会の絶対化という側面を伴って進行したともいえます。その負の側面が肥大して、例えば、第二次世界大戦、非戦闘員をも含んだ大量虐殺が引き起こされました。また、その後のベトナム戦争や様々な悲劇も生じたといえるでしょう。こうしたことの反省から、多様性を尊重し、相互に共生できる社会を求めることの重要性が徐々に、しかし、広く共有されるようになりました。確かに、「共生」という言葉には、新鮮な響きがあったのです。

しかし、二〇世紀が終わるころから今世紀の初めにかけて、「グローバリゼーション」という言葉がもてはやされ、実際には、唯一の強国となったアメリカの流儀、すなわちアメリカン・スタンダードが世界を覆う状況が生まれました。これは、「文明の衝突」というような事態を引き起こし、ついには世界経済危機をもたらしました。そして今、その反省の上に、新たな世界への模索が続いています。

このブックレットが初めて刊行されてから八年たった今、新たな世紀が始まりだしたといえます。「共生」という理念が今こそ共有されるべきでしょう。原理主義という過激な渦は今も至る所で大きく成長しかねない状況です。われわれに今求められていることは、共生するシステムを構築することだといえるのです。

本研究科は、「共生」という理念を掲げ、現代の諸問題を多面的に研究し、学問的成果を育んでいます。このブックレットはその成果の一端を高校生に向けて分かりやすく書いたものです。ブックレットの刊行が「共生」という理念を世界の人々と共有するための一助になることを願う次第です。

二〇一〇年七月

新潟大学大学院現代社会文化研究科
研究科長　菅　原　陽　心